Prix : 1 fr. 20

Définition de la Science

Entretiens philosophiques

Par FÉL. LE DANTEC

Bibliothèque Larousse

La Définition ✿✿✿
✿✿✿ de la Science

OUVRAGES DU MÊME AUTEUR

A la Librairie Félix Alcan :

Théorie nouvelle de la vie, 1896.	6 fr. »
Le Déterminisme biologique et la personnalité consciente, 1897.	2 fr. 50
L'Individualité et l'erreur individualiste, 1898	2 fr. 50
Évolution individuelle et hérédité, 1898	6 fr. »
Lamarckiens et Darwiniens, 1900.	2 fr. 50
L'Unité dans l'être vivant, 1902	7 fr. 50
Les Limites du connaissable, 1903	3 fr. 75
Traité de Biologie, 1903	15 fr. »
Les Lois naturelles, 1904.	6 fr. »
Introduction a la pathologie générale, 1905.	15 fr. »
Éléments de philosophie biologique, 1907	3 fr. 50

A la Librairie Armand Colin :

Le Conflit; Entretiens philosophiques, 1901	3 fr. 50

A la Librairie Ernest Flammarion :

Les Influences ancestrales, 1904.	3 fr. 50
La Lutte universelle, 1906	3 fr. 50
L'Athéisme, 1906.	3 fr. 50
De l'homme a la science, 1907.	3 fr. 50
Science et conscience, 1908.	3 fr. 50

La Définition de la Science

Entretiens philosophiques

Par Félix LE DANTEC
Chargé de Cours à la Sorbonne

88 GRAVURES

Bibliothèque Larousse
Paris.- Rue Montparnasse, 17

À Monsieur Georges MOREAU

Fondateur de la « Revue Encyclopédique ».

Mon cher ami,

Vous voulez bien publier dans votre charmante Bibliothèque, et comme une sorte d'introduction à une série de volumes scientifiques, mon dialogue sur la Définition de la Science. Je vous dois, avec tous mes remerciements, quelques mots d'explication.

J'ai écrit ce dialogue, il y a déjà plusieurs années, pour occuper les loisirs d'une longue convalescence. C'était le moment où le livre de M. Poincaré (1) venait de produire, dans le monde des philosophes, une si vive impression. J'avais immédiatement essayé d'opposer à la manière de voir de l'illustre mathématicien la conception de la Science telle qu'elle s'impose à un biologiste ; car les mathématiciens oublient souvent, ce que les biologistes considèrent comme essentiel, que toute intelligence est accompagnée d'un corps vivant, et qu'il faut vivre pour penser. Mais mon livre *les Lois*

---

(1) *La Science et l'hypothèse* (Paris, Flammarion).

naturelles (1), s'il me satisfaisait personnellement, était d'une lecture trop ardue pour le public, et je me proposai d'en vulgariser les idées les plus fondamentales.

J'avais aussi, je l'avoue, une tout autre ambition.

Je commençais alors à comprendre, ce qui, pour moi, est devenu depuis l'évidence même, que les vérités scientifiques n'ont rien à voir avec ce qu'on appelle couramment les vérités humaines ou vérités sociales. J'aurais voulu montrer que le savant le mieux armé pour les discussions philosophiques doit être, par là même, absolument inapte aux luttes de la vie courante. Je rêvais d'un livre au cours duquel l'honnête M. Tacaud, le dialecticien intrépide, se serait noyé dans le verre d'eau d'une difficulté mesquine d'ordre familial ou social.

Je reconnus bientôt mon impuissance à parler des choses qui n'ont pas avec la Science un rapport direct, et je me résignai, comme le cordonnier d'Apelles, à « ne pas m'élever au-dessus de la chaussure ». Mais j'avais choisi mes personnages, et je songeai à les utiliser pour la vulgarisation des *Lois naturelles*. De là ce dialogue sur la définition de la Science.

J'avais déjà employé la forme dialoguée dans un petit traité de Biologie familière intitulé *le Conflit* (2), et je crois avec les philosophes grecs que cette forme est merveilleusement adaptée à l'exposé des questions scientifiques.

---

(1) Paris, Félix Alcan, 1901.
(2) Paris, A. Colin, 1901.

Mais, il faut bien s'entendre !

Un auteur imbu d'une idée au point de vouloir la répandre ne peut pas être égàlement imbu de l'idée contraire ; incarné dans l'un des personnages du dialogue, il ne saurait mettre dans la bouche de ses adversaires des arguments sérieux contre la thèse qu'il soutient ; car s'il connaissait des arguments sérieux contre sa thèse, il ne la soutiendrait pas.

Les interlocuteurs ne sont donc que des comparses donnant la réplique ; l'auteur met dans leur bouche les objections qu'il croit présentes à l'esprit du lecteur, de manière à répondre *immédiatement* à ces objections. C'est là l'avantage du dialogue sur l'exposé didactique ordinaire dans lequel les objections, renvoyées à la fin, perdent toute saveur et tout à-propos.

L'inconvénient, c'est que, avec des contradicteurs dépourvus de personnalité, le principal interlocuteur prend le caractère ennuyeux d'un pédagogue. Mais c'est là un écueil que de grands artistes n'ont pas su éviter ; le *Médecin de campagne,* le *Docteur Noir* de *Stello* ne sont que des conférenciers déguisés qui exposent des systèmes chers à Balzac ou à Vigny. Et cela est vrai aussi de bien des personnages du divin Platon.

Je me console donc de n'avoir pas évité cet écueil. J'ai pris la forme dialoguée pour ce qu'elle a de bon ; je me résigne à lui conserver aussi ce qu'elle peut avoir de mauvais et de pénible pour le lecteur.

Je vous remercie de nouveau d'avoir accepté mon opuscule, malgré ses imperfections, pour la collection dans laquelle vous voudriez faire revivre, si j'ai bien compris, cette excellente *Revue Encyclopédique* qui n'a jamais été égalée par aucun périodique illustré français ou étranger. Je déplore encore aujourd'hui la disparition de cette belle revue, à laquelle votre goût si sûr, votre souci de la documentation sérieuse avaient créé une place à part dans les publications de notre pays, et je m'honore d'en avoir été jusqu'à la fin le fidèle collaborateur.

Félix Le Dantec.

1er mars 1903.

La Définition de la Science.

PREMIÈRE PARTIE

M. Escudier, président du tribunal civil, descendait la rue des Carmes, visiblement absorbé. De temps en temps, il s'arrêtait, et observait le sol avec une attention soutenue ; un char à bancs, qui arrivait avec un grand bruit de ferraille, le força de monter sur le trottoir, mais il redescendit aussitôt sur la chaussée, et étudia l'empreinte laissée sur le pavé gras par le fer du cheval.

« Est-ce un pied de devant ou un pied de derrière ? » se demanda-t-il ? « est-ce un pied droit ou un pied gauche ? Un professionnel n'hésiterait pas à le dire ; moi, je l'ignore ; il faut que les policiers connaissent tous les métiers dans leur détail ; on a tort de mépriser les hommes de police ; leur tâche est ardue et intéressante. Voici un crachat sur le pavé ; Sherlock Holmes saurait s'il est d'hier ou de ce matin, s'il vient d'un tuberculeux ou d'un homme enrhumé du cerveau ; il est vrai que des experts le reconnaîtraient également au microscope ; mais le policier doit tout deviner vite, et ne pas s'égarer sur de fausses pistes. »

M. Escudier fut surpris au milieu de ces réflexions par son ami Fabrice Tacaud, qui remontait la rue.

— Vous semblez bien préoccupé, mon cher président, dit celui-ci en l'abordant ; est-ce qu'un crime mystérieux aurait troublé notre pays tranquille ? Ou bien y a-t-il encore un procès politique qui vous oblige à condamner vos plus vieux amis ?

M. Escudier sourit avec satisfaction.

— Heureusement non, répondit-il ; ne me rappelez pas un des moments les plus pénibles de ma carrière, je vous en prie ; les haines qui naissent à propos de politique entre des gens parfaitement honorables à tous les autres égards nous mettent dans des situations bien douloureuses. Non, reprit-il après un soupir, il ne s'agit pour le moment que d'un crime imaginaire ; j'ai lu ce matin un ouvrage de Conan Doyle, un roman dans lequel intervient un policier de génie nommé Sherlock Holmes, qui découvre en un clin d'œil le secret des crimes les plus invraisemblables, en observant des traces de pas ou les cendres d'un cigare. Il est vrai que l'auteur, ayant lui-même imaginé le crime, n'a pas eu de peine à imaginer aussi que l'assassin a laissé telle ou telle trace de son action ; il a même choisi ces traces de manière à rendre plus frappante l'ingéniosité de son policier ; je m'amusais, quand vous m'avez surpris, à constater par moi-même combien il est difficile à un homme ordinaire de relever sur le sol les indices des événements les plus naturels et les plus récents ; je crois que, après plusieurs heures, on ne doit plus rien voir du tout. Mais, les observations admises, Conan Doyle prête à son héros une série de raisonnements et de déductions, une manière de coordonner les faits, qui m'a paru vraiment scientifique.

— C'est là un bien gros mot à mon avis, dit M. Tacaud, et dont on abuse singulièrement depuis quelque temps. Les dentistes de foire, les marchands d'orviétan ou de bandages herniaires annoncent toujours aux badauds qu'ils veulent les faire profiter d'une découverte réalisée suivant la pure méthode scientifique ; il faudrait s'entendre ; on prête à la *Science* tant de méfaits et tant de merveilles qu'il serait bon de savoir ce que l'on veut dire quand on parle de science. Votre policier a pu allier à une intelligence de bonne qualité un flair inférieur à celui du chien, un esprit d'observation analogue à celui de tel animal sauvage, un certain nombre de qualités personnelles enfin, qui l'ont amené à trouver ce qu'un autre n'eût pas trouvé ; mais précisément, de ce qu'un autre ne l'eût pas trouvé, il s'ensuit que sa méthode n'est pas scientifique ; Conan Doyle vous a présenté un artiste, un homme habile, et non un savant ; la science est impersonnelle, et une méthode scientifique doit donner des résultats convenables entre les mains d'un homme quelconque, doué des facultés moyennes de l'humanité. M. Bertillon a seul introduit un élément scientifique dans les recherches policières...

— Sherlock Holmes, interrompit le président du tribunal, déclare en effet qu'il se considère comme le premier policier du monde après M. Bertillon ; mais je n'avais jamais cru, je l'avoue, que M. Bertillon fût capable des merveilles qu'accomplit le héros de Conan Doyle.

— Les résultats scientifiques sont d'allure modeste et frappent peu l'imagination, reprit M. Fabrice Tacaud ; au contraire, l'ingéniosité des policiers et des chercheurs de trésors prête à des développements impressionnants ; je n'ai pas lu Conan Doyle, mais je pense qu'il a dû suivre la voie tracée par Edgar Poe : dans deux ou trois de ses petits chefs-d'œuvre, le mystérieux Yankee a prêté à ses personnages des capacités fabuleuses ; il a prétendu lui aussi que c'étaient là des merveilles d'ordre scientifique, mais ce n'est pas vrai ; M. Bertillon seul a fait, dans cette voie, quelque chose qui mérite ce nom.

— Je connais le « bertillonnage », dit M. Escudier ; je sais qu'il a donné de précieux résultats ; il a permis de démasquer des « chevaux de retour » malgré tout le soin qu'ils employaient à déguiser leur personnalité ; même ici, dans notre petite ville de X..., nous avons quelquefois, mais surtout à titre de curiosité, pratiqué l'anthropométrie; organisé comme il l'est à Paris et dans les grandes villes, ce service est certainement très utile ; et cependant je ne vois pas pourquoi vous donnez à M. Bertillon une place tout à fait privilégiée dans le monde des policiers ; ce n'est pas lui qui nous a enseigné la manière de distinguer le sang humain des sangs animaux, le lait de vache du lait de chèvre ; on a fait en police beaucoup de choses scientifiques qui n'appartiennent pas à M. Bertillon.

— Les policiers, mon cher président, de même que les dentistes ou les forgerons, utilisent, à mesure qu'elles paraissent au jour, les découvertes faites dans les laboratoires, et qui peuvent leur être avantageuses dans l'exercice de leur profession ; ils appliquent les résultats obtenus par les chercheurs ; ils ne font pas pour cela œuvre scientifique : ils sont des hommes de leur temps ; ils puisent à pleines mains dans le patrimoine de l'humanité, dans le domaine public. Un des problèmes importants de la police est de savoir reconnaître les gens qui ont déjà eu affaire à elle ; avant M. Bertillon, on photographiait les délinquants, et c'était déjà là l'application d'une découverte scientifique ; mais outre que l'individu peut se faire une tête, changer de figure, comment retrouver une physionomie parmi des milliers et des milliers de portraits ? Il n'y avait pas de classification possible. M. Bertillon a eu idée de mesurer, pour chaque délinquant, les éléments mesurables de sa personnalité, de représenter un homme par une série de nombres, et en cela il a fait œuvre scientifique. Lavoisier a introduit la balance dans le laboratoire, M. Bertillon a introduit l'anthropométrie dans la police...

M. Escudier se mit à rire ; il prit le bras de son ami et l'entraîna vers le quai planté.

— Vraiment, mon cher philosophe, dit-il, vous m'intriguez beaucoup ; je vois encore venir un de ces aimables paradoxes dont vous émaillez si volontiers vos discours; avec vous il faut toujours s'attendre à des surprises; allons nous asseoir sous les tilleuls; je n'ai pas si souvent la bonne fortune de causer avec vous, et je ne vous tiens pas quitte que vous ne m'ayez convaincu de la gloire immortelle de M. Bertillon.

— Il est déjà immortel dit M. Tacaud, en souriant, puisque son nom a donné naissance à un verbe; on dit *bertillonner* comme on dit galvaniser, voltaïque, voltairien, poubelle et quinquet; M. Thiers disait qu'il avait connu sa célébrité en voyant sa tête sculptée sur un bec de canne; la vraie immortalité c'est de voir tirer de son nom un adjectif ou un verbe courant.

Un automobile arrivait à toute vitesse, faisant trembler les vitres des magasins de la paisible rue des Carmes; les deux amis s'arrêtèrent pour le laisser passer.

— Vous avez raison, dit le président; voici venir un chauffeur; j'ignore qui il est, mais je pense qu'il compte les volts de son accumulateur sans se douter que Volta a été un grand physicien, ou même un homme; le nom de Volta est immortel.

L'automobile s'arrêta, faisant un bruit effroyable; celui qui le conduisait retira son terrible masque et descendit en jurant.

— La panne, dit Fabrice, réjouit les piétons; le bois de Boulogne était autrefois un endroit charmant où les Parisiens allaient goûter l'air pur et le repos; aujourd'hui on y respire des vapeurs de pétrole incomplètement brûlé, et le bruit des teuf-teuf domine le murmure des cascades; mais les Parisiens sont bons enfants; une panne qui survient à propos console les plus vindicatifs.

Le chauffeur s'était allongé par terre et regardait sous la machine; M. Escudier se pencha vers l'oreille de son ami:

— C'est le comte de Kertonsec, dit-il; mon père a connu son grand-père qui s'appelait Bouchon et qui, ayant gagné beaucoup d'argent dans les affaires, a, comme vous voyez, fait souche d'honnêtes gens ; le père de celui-ci s'appelait Bouchon de Kerlonsec et s'est tué en tombant de cheval ; c'était un gentilhomme plein de hauteur ; il serait offusqué s'il voyait son fils travailler de ses mains comme un ouvrier d'usine.

— Si l'automobile présente de grands inconvénients pour le promeneur tranquille, dit M. Tacaud, il aura du moins pour résultat de rendre la considération au travail manuel ; dans ma jeunesse, les jeunes gens bien nés ne craignaient pas d'être confondus avec des cochers ou des palefreniers, mais ils méprisaient les mécaniciens. Aujourd'hui cela change ; voici une petite aventure qui m'arriva il y a quelques années dans une ville de l'Amérique du Sud :

Ils s'assirent sous les tilleuls.

— J'avais apporté un certain nombre de filtres Chamberland, dans l'intention de montrer aux habitants arriérés de ce pays lointain quelques avantages et quelques facilités de notre hygiène moderne ; l'un de ces filtres fonctionnait dans mon petit laboratoire et me fournissait une ration suffisante d'eau pure. Le Dr Annibal Pinto, haut dignitaire du pays, étant venu me rendre visite, remarqua le filtre, s'en étonna, et me demanda si je ne pourrais pas lui en procurer un semblable ; je lui promis d'en faire installer un à son domicile ; il m'invita à déjeuner pour le lendemain, et m'annonça que sa voiture viendrait me prendre et emporterait l'appareil avec l'ouvrier chargé de le placer. Dans la soirée, je pensai que les fontainiers de la ville, ne connaissant pas le mécanisme des filtres, pourraient réaliser une installation défectueuse ; je me munis donc de tout ce qui est nécessaire pour ce petit travail, et, le lendemain, à l'heure convenue, j'arrivai chez le docteur avec tout mon attirail. Il fut étonné de me voir seul ; je lui dis mes raisons et m'installai dans sa cuisine, où je me mis en devoir de placer le filtre au-dessus de la pierre d'évier ; j'y employai une petite heure et je fis proprement la chose. Quand ce fut fini, le Dr Pinto ne me retint pas à déjeuner ; il m'offrit seulement un verre

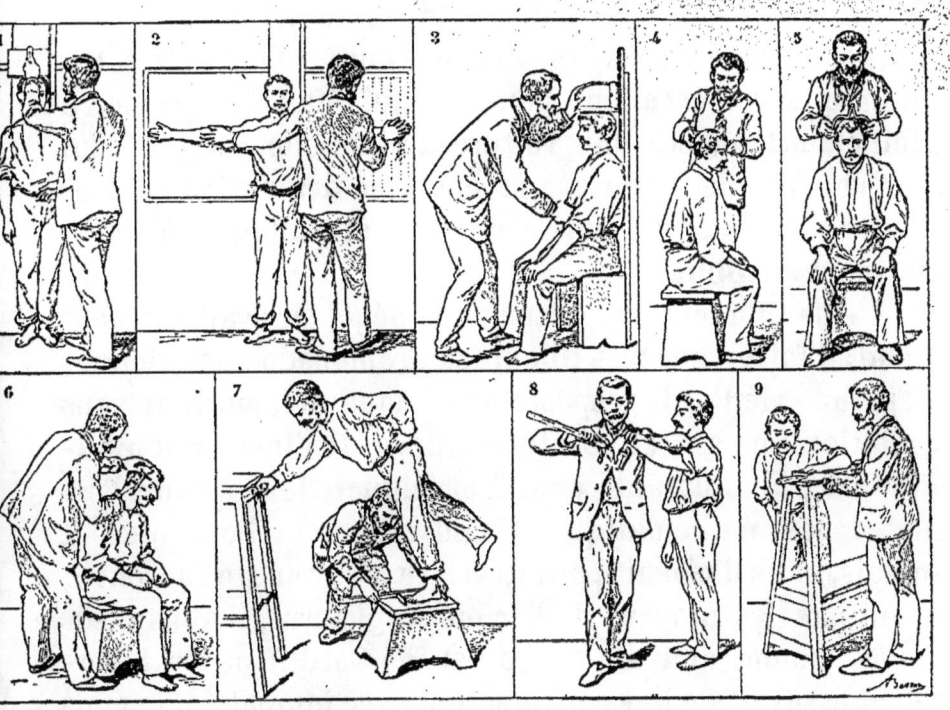

LE PROCÉDÉ BERTILLON DE MENSURATION : 1. De la taille; 2. De l'envergure; 3. Du buste; 4. De la longueur de la tête; 5. De la largeur de la tête; 6. De l'oreille droite; 7. Du pied gauche; 8. Du médius gauche; 9. De la coudée gauche.

de vin comme on fait à un ouvrier dont on est content; en me voyant travailler comme un ouvrier, il s'était dit évidemment que je n'appartenais pas à la classe honorable des docteurs et des professeurs, mais plutôt à celle des garçons de laboratoire, qui est moins considérée; il avait les mains fines, portait des bagues à plusieurs doigts, et méprisait le travail manuel; j'espérais qu'il me ferait reconduire en voiture; il se contenta de m'indiquer la plus proche station de tramways. Je pense aujourd'hui avec satisfaction que cet excellent homme, qui était fort riche, a certainement acheté une voiture automobile, et qu'il lui arrive souvent de serrer ses écrous avec des clefs anglaises enduites d'huile sale; mais c'est pour une affaire de sport, et le sport ennoblit.

M. Alexis Gaudet, professeur au collège, arrivait du bout du quai; il faisait sous les tilleuls sa promenade quotidienne; c'était un vieillard respectable et modeste, portant sans ostentation une grosse rosette d'officier de l'Instruction publique; depuis quarante ans, il enseignait tour à tour l'arpentage, les mathématiques, la physique, la botanique et l'anglais, mais il n'avait pas pu arriver à « prendre l'accent »; n'ayant pas les moyens d'aller en Angleterre, il venait sur le quai, quand arrivait un bateau de Cardiff ou de Liverpool, et essayait de lier conversation avec les matelots; mais ces hommes grossiers ne le comprenaient guère; il fit peu de progrès; il se résigna donc à enseigner consciencieusement la méthode Beljame; et en tira des résultats satisfaisants.

Le président du tribunal l'appela.

— Venez donc, monsieur Gaudet, dit-il; voici notre ami M. Tacaud qui va nous montrer que M. Bertillon est l'émule de Lavoisier, et que son nom doit vivre dans les siècles des siècles avec ceux de Descartes et de Newton.

Le vieux professeur s'approcha, serra les mains des deux interlocuteurs et dit:

— J'avais moi-même remarqué depuis longtemps que les

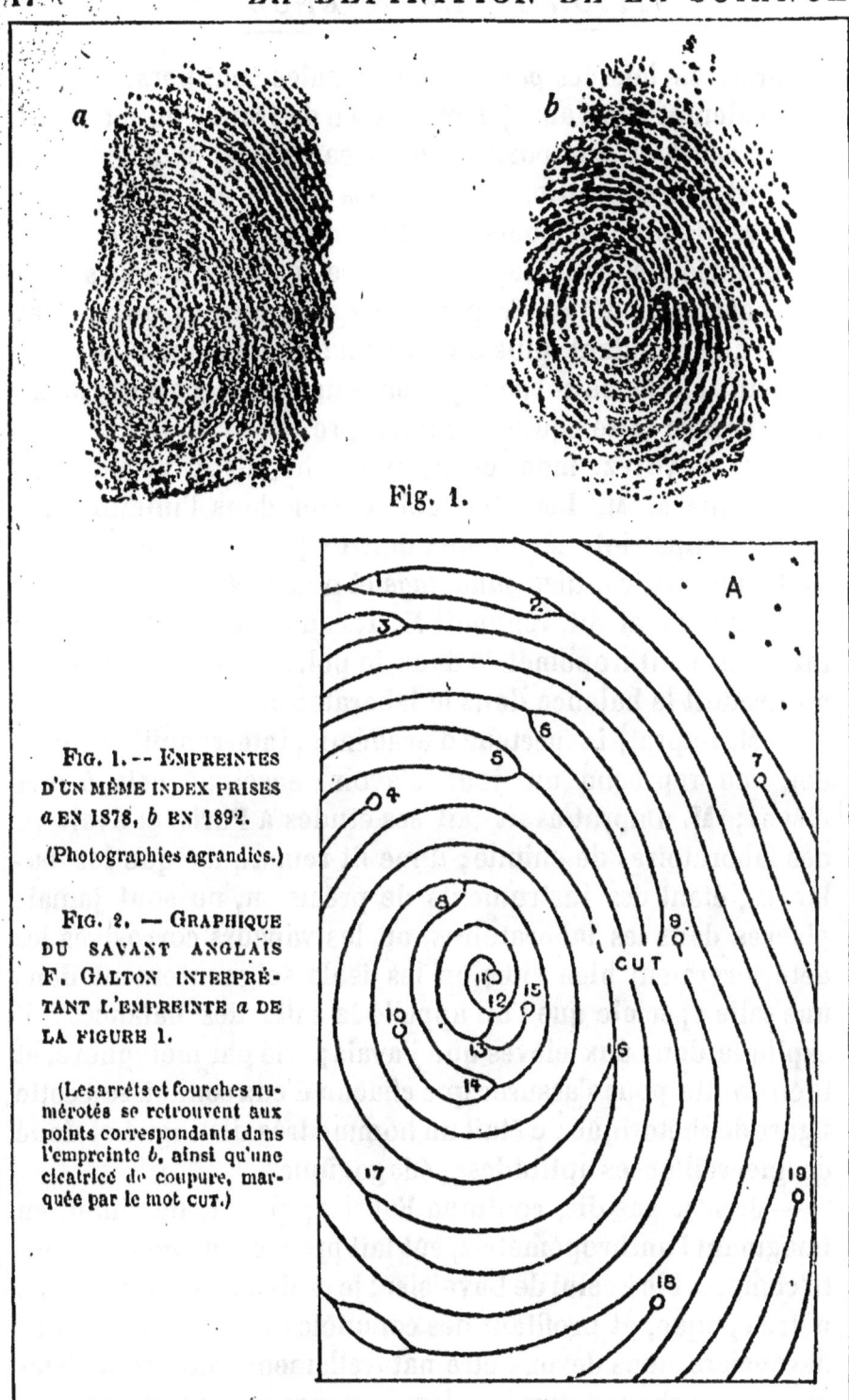

Fig. 1. — Empreintes d'un même index prises *a* en 1878, *b* en 1892.

(Photographies agrandies.)

Fig. 2. — Graphique du savant anglais F. Galton interprétant l'empreinte *a* de la figure 1.

(Les arrêts et fourches numérotés se retrouvent aux points correspondants dans l'empreinte *b*, ainsi qu'une cicatrice de coupure, marquée par le mot cut.)

empreintes laissées par les doigts sales sont personnelles ; voilà bientôt vingt ans, j'ai convaincu de fraude un élève qui, ayant copié la composition d'un camarade, avait imprimé sur cette composition les papilles d'un pouce imprégné d'encre violette. Ce pouce avait un dessin différent de celui du propriétaire de la copie, lequel se servait d'ailleurs d'encre noire ; ce détail frappa l'imagination des enfants au point que, pendant plus d'une semaine, chacun d'eux imprimait son pouce sur sa copie en guise de signature ; je dus sévir contre cette coutume malpropre.

— Vous voyez, mon cher philosophe, dit M. Escudier en riant, que si M. Bertillon doit entrer dans l'immortalité, notre compatriote M. Gaudet doit l'y précéder ; on devrait, en bonne justice, dire *gaudetage* et non *bertillonnage*.

— Je vous ai dit, répondit M. Tacaud, que M. Bertillon a introduit l'anthropométrie dans la police, comme Lavoisier a introduit la balance dans le laboratoire.

— M. Duprat, inspecteur d'académie, interrompit M. Gaudet, me reprocha un jour d'avoir enseigné cela à mes élèves ; M. Duprat avait fait ses études à Paris et avait vu des laboratoires de chimie ; il me fit remarquer que les balances, étant des instruments de précision, ne sont jamais placées dans les laboratoires, où les vapeurs corrosives les détérioreraient bien vite ; on les isole soigneusement dans une salle spéciale que l'on appelle la salle des balances ; il expliqua donc aux élèves que j'avais parlé par métaphore, et il en profita pour s'assurer que chacun d'eux connaissait cette figure de rhétorique ; c'était un homme très distingué et doué de merveilleuses aptitudes pédagogiques.

— Je n'ai pas dit, continua Fabrice, que M. Bertillon, en imaginant l'anthropométrie, eût fait preuve d'un génie inventif comparable à celui de Lavoisier ; je crois au contraire que, à notre époque, et profitant des conquêtes accumulées par nos devanciers, nous devons être naturellement conduits à chercher, dans chaque cas, les éléments mesurables des phénomènes, et à les cataloguer ; c'est faire là une œuvre scientifique et impersonnelle ; je ne dis pas féconde, car une méthode peut être scientifique sans être féconde ; il s'est trouvé que, dans le cas où était placé M. Bertillon, l'anthropométrie a rendu des services incontestables ; il est bien commode de définir un criminel par une série de nombres dont on fait des tables à plusieurs entrées, où il est très facile de se retrouver ensuite en quelques instants.

— J'aurai donc désormais, dit M. Escudier, la plus grande considération pour mon tailleur Joseph Bagatelle, que, jusqu'à présent, j'honorais simplement comme un des plus beaux hommes de la ville ; je l'admirais lorsque, vêtu comme un amiral, avec son tricorne à plumes blanches, et portant majestueusement une longue canne à pommeau argenté, il se promène avec une lenteur digne en tête des processions, car il cumule et est suisse à l'église pour les grandes cérémonies. Je l'admirerai désormais bien davantage quand, en modeste tenue de travail, il mesurera mes membres et mon périmètre thoracique et dictera triomphalement à sa femme : 28, 53, 95. Joseph Bagatelle fait là une œuvre scientifique ; il représente ma personnalité par une série de nombres, et il n'en est pas plus fier pour cela ; ces nombres ont cependant pour lui une signification immédiate qu'ils n'ont pas pour moi : « Tiens, a-t-il dit affectueusement la dernière fois, monsieur le président a maigri ; monsieur le président travaille trop. »

— Il n'est pas impossible, reprit M. Tacaud, que M. Bertillon ait eu l'idée de l'anthropométrie en remarquant qu'il avait sa fiche chez son tailleur ; bien d'autres avaient d'ailleurs pensé avant lui à effectuer des mensurations sur le corps humain. Broca cherchait des caractères de race dans des nombres ; il classait les hommes d'après leur indice céphalique, c'est-à-dire d'après le rapport de la largeur de leur crâne à sa longueur ; il a créé ainsi le groupe conventionnel des brachycéphales, des mésaticéphales et des dolichocéphales ;

mais cette classification n'a aucune valeur ethnographique. Je connais deux frères qui se ressemblent tellement qu'on les confond souvent l'un avec l'autre, et qui, par leur indice céphalique, seraient catalogués aux deux extrémités opposées de la série de Broca. Ce n'est pas tout de faire des mensurations ; il faut encore se borner à lire dans les nombres ce qui s'y trouve réellement ; il faut se défier de son imagination. La fiche anthropométrique d'un homme adulte le définit assez complètement pour qu'on soit sûr de le reconnaître pendant plusieurs années, si on remet la main dessus, mais M. Bertillon n'a jamais pensé, je l'espère, que deux fiches voisines représentent deux hommes ayant entre eux un rapport autre que le rapport physique constaté ; on peut avoir la taille et la longueur des doigts d'un scélérat endurci, sans être pour cela prédestiné à tuer son père et sa mère.

— Dans une conférence que je fis cet hiver au patronage laïque, dit M. Gaudet...

— J'y assistais, dit le président.

Le professeur inclina la tête en signe d'assentiment et continua :

— J'eus à mentionner les instruments enregistreurs que le Bureau central météorologique a bien voulu faire installer sur le terre-plein de notre collège, et dont j'ai l'honneur d'être surveillant. Nous avons un thermomètre et un baromètre enregistreurs, un pluviomètre, un anémomètre et un hygromètre à cheveu. J'expliquai au public le fonctionnement de ces divers appareils qui, comme le disait tout à l'heure M. Tacaud, nous fournissent à chaque instant les éléments mesurables de l'atmosphère, et qui sont, par conséquent, suivant sa définition, des appareils scientifiques. Mais je mis mes auditeurs en garde contre cette croyance trop répandue, que la lecture du baromètre ou de l'hygromètre permet de prévoir le temps ; même l'étude de tous les appareils à la fois, quoique fournissant déjà une documentation plus sérieuse, expose le prophète à bien des mécomptes. C'est seulement dans les bureaux qui centralisent les

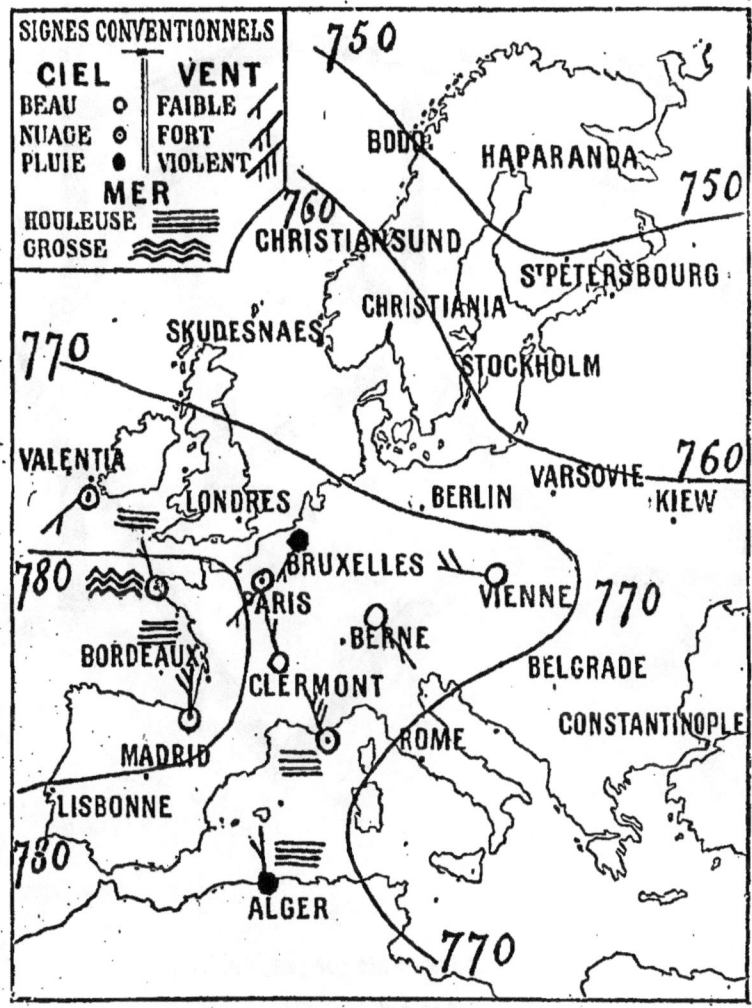

Carte du Bureau central météorologique.

renseignements recueillis aux divers points du monde que l'on peut établir la carte quotidienne du temps, et prévoir plus ou moins les variations probables par l'observation des cartes successives.

Documents manquants (pages, cahiers...)
NF Z 43-120-13

— Le journal *le Temps* que je reçois tous les matins publie ces cartes quotidiennes, dit M. Escudier; il annonce la marche des cyclones et j'ai remarqué que ses prédictions se vérifient quelquefois. La météorologie mérite-t-elle le nom de science, à votre avis, continua-t-il en se tournant vers M. Tacaud; vous serez, je crois, assez embarrassé pour répondre à cette question d'une manière précise.

— Nous employons aujourd'hui, répondit Fabrice, tous les moyens qui sont à notre disposition pour connaître à chaque instant l'état de l'atmosphère; les mesures météorologiques sont obtenues par des procédés scientifiques et sont susceptibles de précision; on installe chaque jour de nouveaux observatoires, et le nombre des documents enregistrés par eux s'accroît sans cesse; on s'approche donc autant qu'on le peut du desideratum scientifique, qui est de connaître *complètement* une série d'états d'un ensemble donné de corps, de manière à prévoir un état ultérieur de cet ensemble; mais si l'on s'en approche, on est encore bien loin d'y arriver, et l'on n'y arrivera même jamais, cela est sûr, à moins qu'une découverte imprévue ne mette sur la voie de nouveaux phénomènes, également susceptibles de mesure, et donnant des renseignements plus parfaits. Et d'ailleurs, l'atmosphère n'est pas un ensemble isolé; ce qui se passe dans l'air dépend de ce qui se passe dans la terre et dans la mer, et les observations météorologiques ne nous renseignent pas à ce sujet; la météorologie, quoique employant des procédés scientifiques d'observation, n'atteint pas et n'atteindra probablement jamais l'idéal scientifique, qui est de prévoir rigoureusement. Ce qu'elle nous fournit vaut mieux que rien, et nous ne voyons pas pour le moment le moyen de faire mieux; voilà tout ce qu'on peut dire aujourd'hui.

Un corbeau passait en croassant au-dessus des tilleuls; il laissa tomber une fiente qui vint s'aplatir sur la bottine du président comme un morceau de fromage blanc.

— Il est très curieux, dit M. Gaudet en levant la tête, que

mensurations rigoureuses ; vous savez peut-être que l'on s'est vivement préoccupé, dans des congrès récents, de doser l'activité des sérums antidiphtéritiques ; on a adopté une unité internationale de mesure, et ce n'est là encore qu'un résultat provisoire, mais qui rendra des services, comme autrefois la médecine de symptômes en a rendus ; on arrivera à des mensurations moins conventionnelles, quand on connaîtra mieux le mécanisme de l'action des sérums. Les mensurations, même conventionnelles, présentent l'avantage de l'impersonnalité ; elles sont à la portée d'un simple manœuvre. Et c'est en cela que l'anthropométrie de M. Bertillon est si précieuse ; on ne peut guère prévoir d'ailleurs, dans l'état actuel de la science, que cette méthode soit jamais perfectionnée ; elle est parfaite, puisqu'elle remplit exactement le but qu'elle se proposait, et est d'une application facile.

— J'ai lu récemment, dit M. Gaudet, un livre un peu fantaisiste et dont l'auteur est plein d'imagination. Il faisait prévoir comme possible, dans un avenir plus ou moins éloigné, l'invention d'un appareil qu'il appelait le *phrénographe*, et au moyen duquel on pourrait lire dans la pensée des gens ; il me semble que, dans le cas où une telle découverte se réaliserait, la méthode de M. Bertillon deviendrait inutile ; elle sert à retrouver la personnalité d'hommes qui ont intérêt à ne pas dire qui ils sont ; mais ils ne pourront plus la cacher si on invente le phrénographe.

— Ce sont là des contes à dormir debout, dit M. Escudier qui était sceptique.

— Il ne faut jamais affirmer qu'une découverte est impossible, proclama sentencieusement M. Tacaud. Quand Rabelais imagina les paroles gelées, il croyait dire une grosse bouffonnerie ; il n'avait pas prévu le phonographe. Des modernes, peu soucieux de critique scientifique, ont affirmé avoir observé des cas d'extériorisation de la sensibilité et de la motricité, et il semble que ceux d'entre eux qui n'ont pas été dupés d'un adroit prestidigitateur sont des hallucinés ou des esprits faibles ; mais on n'est pas en droit de nier pour cela la possibilité du phrénographe ; tout ce qu'on peut affirmer, c'est qu'on ne sait pas encore sur quel principe cet appareil pourrait être fondé. Tout récemment, des physiciens dignes de foi ont cru remarquer que les centres nerveux en fonctionnement émettent des radiations spéciales ; il est probable qu'ils se sont trompés, mais leur affirmation n'a pas paru invraisemblable, puisque tous les expérimentateurs sérieux se sont attachés à vérifier leurs résultats ; la question est d'ailleurs encore pendante ; il serait dommage que ces radiations n'existassent pas (1), car le phrénographe est une invention bien séduisante ; on y arrivera peut-être d'ailleurs par une autre voie.

— Dieu nous en préserve, dit le président ; la vie n'est déjà pas si facile aujourd'hui ; que serait-ce, si n'importe qui pouvait savoir ce que nous avons intérêt à cacher !

— Le mensonge, dit Fabrice, est la base de la société ; les deux êtres qui s'aiment le plus deviendraient ennemis s'ils pouvaient lire l'un dans l'autre ; il ne faut pas croire cependant qu'avec le phrénographe toute société deviendrait impossible ; il y aurait seulement des modifications dans les conditions de vie en commun ; la société serait autre et peut-être meilleure.

— A mon âge, dit tristement M. Alexis Gaudet, on ne voit pas d'un bon œil des changements aussi complets dans la condition de l'homme ; je suis habitué depuis trop longtemps à une certaine forme d'existence pour ne pas frémir devant la nécessité de la changer ; les vieillards n'aiment pas le progrès ; j'avoue que les bicyclettes et les automobiles me chagrinent ; ils sont venus trop tard dans ma vie ; ils dérangent mes vieilles habitudes. S'il fallait, grâce à votre

---

(1) Depuis que ces lignes ont été écrites, les physiciens semblent être tous tombés d'accord sur la non-existence des rayons N.

hypothétique phrénographe, renoncer aux innocentes formules de politesse, aux conventions peut-être un peu mensongères qui donnent tant de charme aux gens bien élevés, je serais incapable de vivre : j'irais cacher ma vieillesse triste dans une thébaïde où il n'y aurait pas de phrénographe.

— Le danger n'est pas immédiat, dit Fabrice en souriant ; je crois que vous pouvez dormir sur les deux oreilles ; on continuera à mentir comme par le passé ; chaque individu restera propriétaire de sa pensée et n'en communiquera à ses voisins que ce qu'il lui plaira de leur communiquer ; par conséquent il sera impossible à l'homme de prévoir l'avenir, du moins dans un endroit où il y aura d'autres êtres vivants. Sa connaissance du monde se bornera aux éléments bruts et à lui-même.

— L'homme se connaît lui-même en effet, dit M. Escudier ; il se connaît au point de prévoir ce qu'il fera, au moins dans des conditions données et sous réserve d'accidents imprévus, mais vos appareils de physique ne conduisent, eux aussi, aux résultats attendus, que si les conditions ne changent pas : Que la foudre tombe sur la machine la mieux conditionnée, il en pourra sortir tout autre chose que ce qu'on en espérait. L'homme a donc de lui-même une connaissance scientifique, puisque l'idéal de la science est de prévoir ; or il se connaît sans avoir pris aucune mesure, sans être renseigné même sur son anatomie la plus grossière ; l'abeille ne sait pas qu'elle a un cerveau, et cependant elle se connaît assez pour exécuter des merveilles. Votre définition de la science est en défaut.

— Il est bien difficile de définir la science, répondit M. Tacaud ; l'on peut englober sous cette appellation toutes les connaissances humaines quelles qu'elles soient, et, en effet, on le fait souvent ; mais la science ainsi définie contient les arts et les lettres en même temps que la science proprement dite. Il serait utile de créer un mot pour dénommer la science scientifique, celle dont les acquisitions sont *imper-*

sonnelles et à la portée de tous. L'animal se connaît lui-même, cela est certain; il se fait à chaque instant en lui une représentation d'ensemble de son état actuel, synthèse mystérieuse que nous appelons « état de conscience »; c'est cette synthèse que le phrénographe aura l'ambition de nous faire connaître; de la série de ses états de conscience, l'animal tire la prévision de ce qui va se passer en lui; cette prévision est la condition indispensable de la conservation de sa vie; il s'en sert pour adapter ses mouvements aux circonstances. En raisonnant convenablement sur la continuité des lignées d'ancêtres qui ont conduit aux animaux actuels, on arrive à ne pas s'étonner de cette propriété merveilleuse de la connaissance de soi-même; on comprend que la logique individuelle est le résumé héréditaire de l'expérience ancestrale; Romanes a défini l'intelligence « la faculté qu'a l'animal de tirer parti de son expérience ». Logique et intelligence sont des propriétés de l'individu; elles sont indispensables à la vie, mais elles sont personnelles; c'est d'ailleurs parce qu'il est logique et intelligent que l'homme est capable d'acquérir la science, c'est-à-dire *de tirer parti de l'expérience des autres hommes*. La logique et l'intelligence sont le patrimoine de chacun; la science est le patrimoine de l'humanité.

— Nos ancêtres, dit le président du tribunal, ont honoré la mémoire des inventeurs qui leur ont rendu la vie plus facile; Prométhée est immortel; le bon Rabelais nous signale les géants bienfaisants qui ont imaginé de faire les souliers à poulaine ou de fumer les andouilles; tout ce que nous savons a été trouvé par des hommes qui nous ont communiqué le fruit de leur expérience; le patrimoine de l'humanité, comme vous dites si bien, s'accroît chaque jour; il est impersonnel et tous peuvent y puiser largement, mais je ne vois pas que la mensuration des objets soit une condition nécessaire de la science ainsi définie. Je vais souvent, le dimanche, taquiner la truite dans les jolies rivières des environs et je me sers, à cet effet, d'une gaule flexible, de crin de Florence et d'hameçons ; tout cela a été inventé par des hommes ; ils ont perfectionné progressivement l'art de la pêche que je pratique aujourd'hui pour mon plaisir, et dans lequel, sans me vanter, je réussis assez bien. J'ai dit *art*, j'aurais pu dire *science* tout aussi légitimement, et cependant il n'y a pas là, que je sache, d'éléments mesurables jouant un rôle important.

— Vous avez dit *art*, dit M. Gaudet, et vous avez eu raison, si la définition de M. Tacaud est bonne. Il ne suffit pas d'avoir une gaule à pêche artistement montée pour prendre des truites ; il faut encore connaître les mœurs des poissons et savoir les décider à mordre ; il faut aussi un tour de main qui me manque ; j'ai souvent envié les joies du pêcheur heureux, mais je suis maladroit et je n'ai jamais réussi à prendre un pauvre vairon ; je me suis donc résigné à cueillir les fleurs des vallées dans mes promenades dominicales ; la botanique m'a consolé des déboires de la pêche à la ligne. Si la science a pour caractère d'être impersonnelle, on ne peut considérer la pêche comme une science, puisqu'elle n'est pas accessible à tous.

— Les hommes sont inégaux, dit Fabrice ; ils le sont fatalement à cause de leur mode de reproduction qui livre tout au hasard, et qui ne saurait être réglementé scientifiquement en vue de la fabrication de sujets d'élite ; on ne sait même pas encore quelles conditions sont nécessaires à la détermination d'un garçon ou d'une fille, et l'on n'y arrivera pas tant qu'on n'aura pas su mesurer avec précision certains coefficients d'ordre physique ou chimique, que, jusqu'à présent, on soupçonne à peine ; quand il n'y a pas mesure, il n'y a pas prévision possible. Mais si la science ne peut espérer faire disparaître l'inégalité des hommes, elle réussit du moins à en diminuer les effets ; le nain armé d'un fusil est redoutable au géant ; si, au lieu de la simple gaule à pêche, on inventait une machine de précision capable de prendre tous les poissons qui toucheraient un certain fil, vous seriez tous deux égaux devant l'appareil, et vous feriez l'un et l'autre des récoltes équivalentes ; il est vrai que vous y auriez moins de plaisir ; l'effort personnel qui triomphe d'une difficulté donne beaucoup de satisfaction. Les sciences humaines ne se sont pas d'ailleurs faites d'un seul coup ; elles ne sont pas nées finies comme Minerve sortit de la cuisse de Jupiter ; les alchimistes ont obtenu à grand'peine quelques résultats qui ont été utiles à leurs successeurs ; mais l'alchimie était un art ; Lavoisier a créé une science en introduisant les mesures précises dans des manipulations qui se faisaient avant lui presque sans règle ; il a créé une science, là où il n'y avait eu jusqu'à lui qu'une série de hasards heureux.

— Broca aussi, dit M. Escudier, a introduit les mesures précises dans l'ethnographie, et cependant les résultats des recherches opérées dans cette voie ne sont pas beaucoup plus brillantes qu'auparavant ; c'est vous-même qui nous l'avez fait remarquer tout à l'heure.

M. Tacaud hésita un instant et répondit :

— Je me suis lancé là dans une discussion dont je ne sortirai pas facilement ; je sens bien que j'ai des idées arrêtées à ce sujet ; je le sens avec assez de netteté pour m'élever immédiatement contre toute proposition contraire à mon opinion ; mais je n'ai pas encore formulé pour moi-même cette opinion ; et je ne puis par conséquent pas la communiquer facilement à mes interlocuteurs ; elle me reste personnelle ; elle n'a pas la forme scientifique ; et voilà encore une autre définition donnée quelquefois de ce quelque chose de si multiple et de si divers que les différents hommes appellent la science : la science est un ensemble de formules précises, une langue bien faite. Je suis pour ma part un chercheur de formules, et, quand j'en ai trouvé une, j'en ressens une vive satisfaction. Les proverbes qui nous viennent de nos ancêtres et dont le trésor s'appelle « la sagesse des nations » sont précisément les formules dans lesquelles des gens simples ont résumé le plus clair de leur expérience. Ces formules s'appellent « lois naturelles » quand elles ont revêtu un caractère de précision qui manque en général aux proverbes, quand elles s'appliquent à des choses susceptibles de mensuration. Il ne suffit pas d'effectuer des mensurations pour faire de bonne science ; il faut encore que ces mensurations donnent de la précision à une formule qui résume un ensemble de faits. Lavoisier, par exemple, ayant pesé tous les corps qui interviennent dans un phénomène chimique, a établi cette loi, base de toute science, que le poids total des corps sortant d'une réaction est égal au poids total des corps qui y sont entrés; c'est la loi de la conservation du poids; on l'appelle aussi loi de la conservation de la matière, parce que le poids est, jusqu'à présent, la propriété la plus constante par laquelle nous connaissons la matière; la loi de Lavoisier est un premier pas dans l'établissement de cet adage célèbre : « Rien ne se perd, rien ne se crée. »

— Mais, fit observer M. Gaudet, Broca a tiré de ses mensurations une formule précise : il a classé les hommes en brachycéphales et dolichocéphales, et rien n'est plus facile que de classer avec certitude l'un quelconque de nous dans l'une de ces catégories.

— Cela est vrai, dit Fabrice et, s'il s'en était tenu à cette constatation, on n'aurait rien à lui dire ; mais alors il aurait fait de l'anthropométrie et non de l'anthropologie; c'est d'ailleurs le mérite de M. Bertillon ; mais Broca a donné l'indice céphalique comme un caractère de race, et, en cela, il s'est trompé, car ce n'est pas toujours vrai. Quand vous émettez cette affirmation : « les hommes de telle race sont brachycéphales, » vous dites quelque chose de précis ; mais « deux et deux font cinq », cela est également précis, et néanmoins c'est faux.

— Alors, dit le professeur, il faudrait renoncer aux séduisantes classifications anthropologiques; je vous avoue que j'en serais très déçu pour ma part; j'ai trouvé de grandes joies dans la lecture du livre de Topinard.

— J'ai pris Broca pour exemple, répondit M. Tacaud, parce que M. Escudier m'avait fait penser à M. Bertillon. Je crois en réalité que ses mensurations craniennes ont une valeur théorique : elles n'ont pas de valeur pratique. Il y a une quinzaine d'années, j'ai trouvé, près des sources de la Rivière noire, au Laos, un village dont tous les habitants avaient, à très peu de chose près, le même indice céphalique; j'en ai conclu, peut-être à tort, que les habitants de ce village étaient d'une race qui n'avait pas subi de mélanges, et que, probablement, si l'on avait affaire à des races pures, la méthode de Broca serait excellente; ce n'est d'ailleurs là qu'une hypothèse. En tout cas, même si cette hypothèse était vérifiée, l'anthropologie n'en perdrait pas moins toute valeur pratique; elle a pour but, en effet, l'étude de tous les hommes quels qu'ils soient; or, par suite du mélange des races, vous voyez aujourd'hui, dans une même famille, deux frères qui se ressemblent beaucoup et qui appartiennent aux deux types extrêmes de Broca. La conclusion de ceci n'est donc pas que Broca s'est trompé, mais que c'est un leurre de vouloir faire de l'anthropologie en Europe, où il n'y a plus de races distinctes, où toutes les races se sont plus ou moins fondues ensemble; là où il n'y a rien, la science perd ses droits; s'il n'y a plus de races, il est illusoire de rechercher, par la mensuration, des caractères de race; cela n'enlève pas au mérite de Broca; il a cru que l'on pouvait aller, en anthropologie, jusqu'à l'individu, alors qu'il faut se borner à des considérations sur les grands groupes comme les Jaunes et les Peaux-Rouges; il s'est sûrement trompé, mais, si l'anthropologie avait pu exister, elle serait née des méthodes de Broca, comme la chimie est née de la méthode de Lavoisier.

— Et l'anthropométrie de la méthode de M. Bertillon,

ajouta malicieusement le président du tribunal. Étant donné ce qu'avait fait Broca, le grand policier ne me paraît pas avoir eu autant de mérite que vous voulez bien le dire.

— Il n'est pas question de mérite, reprit M. Tacaud. M. Bertillon a obtenu un résultat définitif, scientifique, parce qu'il a eu l'idée d'appliquer à la reconnaissance des criminels la méthode rigoureuse qui, dans l'état actuel de la science, est la seule à pouvoir s'y appliquer; peut-être en a-t-il dû le principe à son tailleur; cela nous est indifférent. Ce qu'il y a d'admirable dans l'œuvre de Lavoisier, c'est qu'il a su prendre le problème si mystérieux de la chimie par le seul côté où, à son époque, ce problème prêtât à la mesure; nous savons aujourd'hui qu'il y en a d'autres; la découverte du fait que des réactions données dégagent dans des conditions données des quantités déterminées de chaleur a fourni une autre méthode de mensuration des phénomènes chimiques; M. Berthelot a contribué à jeter un pont entre deux sciences qui ont longtemps paru séparées, la physique et la chimie; ce pont s'est consolidé depuis, et élargi. Mais la seule application de la méthode de Lavoisier avait déjà fourni une prodigieuse moisson. Lui-même a recueilli immédiatement le fruit de son génie en comprenant que le feu n'est pas un élément, mais un aspect de certaines réactions chimiques; il a ruiné la théorie du phlogistique que l'autorité de Stahl avait fait accepter des chercheurs; le nom de Lavoisier doit être aussi illustre que celui de Prométhée, mais nous ne divinisons plus les grands hommes, et la Révolution n'avait pas besoin de chimistes.

— Je ne connais pas cette théorie du phlogistique, dit M. Escudier.

— Elle est résumée dans les manuels élémentaires à propos de l'immortelle expérience de Lavoisier, dit vivement M. Gaudet qui tenait à faire preuve d'érudition. Stahl ayant remarqué qu'un corps combustible perd, lorsqu'il a brûlé, la propriété de brûler, a simplement imaginé de donner un nom à cette « propriété de brûler » : il l'appelle phlogistique ; une fois baptisée par un savant célèbre, cette « propriété de brûler » a pris corps ; on a raisonné à son sujet comme les animistes raisonnent au sujet de l'âme, et on a cru qu'elle existait, puisqu'elle avait un nom. Un corps qui brûlait perdait son phlogistique ; or, Lavoisier a montré que le mercure, en brûlant à l'air, augmentait de poids, et cela a ruiné la théorie du phlogistique ; je n'ai pas de laboratoire à ma disposition, mais j'ai voulu faire toucher du doigt à mes élèves cette admirable découverte. J'ai pris un morceau de ces rubans de magnésium que l'on vend maintenant aux amateurs pour faire des photographies la nuit ; je l'ai pesé avec soin devant eux ; puis je l'ai allumé et il a produit cette lumière éblouissante que vous connaissez ; la magnésie produite par la combustion et méticuleusement recueillie était plus lourde que le métal brûlé ; j'ai fait constater la différence à toute ma classe. Il a fallu dépenser pour cela une assez grande quantité de magnésium, car notre balance de précision n'est pas très sensible ; j'ai même voulu faire calculer à mes élèves le rapport du poids de l'oxygène employé à celui du magnésium brûlé, mais le résultat n'a pas été fameux parce que la balance était insuffisante.

— On fait aujourd'hui, dit M. Tacaud, des instruments de mesure d'une merveilleuse précision ; les chercheurs, convaincus de l'utilité primordiale de ces outils de laboratoire, ont appliqué tout leur soin à les perfectionner ; ils les perfectionnent encore chaque jour et se servent pour cela des conquêtes quotidiennes de la science, de sorte que les découvertes s'enchaînent les unes aux autres. Rien n'est insignifiant dans l'histoire du progrès ; une mesure, pourvu qu'elle soit précise, peut être utile à la solution de problèmes qui semblent très éloignés de son objet. Y a-t-il eu rien de plus extraordinaire pour les gens non avertis que cette constatation imprévue : le rapport de l'unité électromagnétique de quantité à l'unité électrostatique correspondante est égal à la vitesse de la lumière ! Que venait faire la lumière dans cette question d'électricité? Maxwell l'a expliqué en donnant de la lumière une théorie électromagnétique; Hertz a eu la gloire de réaliser expérimentalement une lumière résultant d'oscillations électriques, et c'est à cette découverte que nous devons la télégraphie sans fil. Plus la science progresse, et plus elle devient *une*, quoi qu'en ait pensé Auguste Comte.

— Voilà donc encore une nouvelle caractéristique de la science, l'unité, remarqua le président; votre définition est de plus en plus vague; elle se multiplie à l'infini; elle change à tout instant pour le besoin de la cause.

— Elle se précise, au contraire, dit avec satisfaction Fabrice; je ne désespère pas d'arriver avec vous à une formule convenable; il est vrai que nous aurons accompli beaucoup de chemin auparavant, mais c'est là l'histoire de presque toutes les formules; on ne les trouve qu'après de nombreux tâtonnements; on y arrive par des chemins détournés.

— Je serai bien étonné si vous dites vrai, dit M. Escudier; remarquez que je n'ai pas oublié les définitions successives que vous avez données, et que je ne vous ferai pas grâce d'une seule d'entre elles : j'ai toujours sur le cœur votre M. Bertillon; il faudra que vous me donniez satisfaction.

— Je crains, dit M. Tacaud, d'avoir déjà abusé de votre patience; voilà bien une heure que nous parlons de choses arides; je cède à mon péché mignon : je suis bavard et je m'accroche volontiers à des causeurs agréables; ils me servent d'ailleurs, quand ils veulent bien me donner congrûment la réplique, à accoucher mon esprit; je suis obligé de faire effort pour préciser dans le langage des considérations que j'eusse trouvées suffisamment claires dans la solitude et pour mon usage personnel.

— Je serai, pour ma part, très heureux, dit M. Alexis Gaudet, d'aller jusqu'au bout de cet écheveau de considérations générales; il me paraît inextricable, je vous l'avoue, et je

serais très ennuyé de rester à moitié route, dans le pétrin;
mais je ne suis plus jeune, et je commence à me refroidir
sur ce banc à l'ombre des tilleuls; nous pourrions continuer
à causer en nous promenant sur le quai; il n'y a personne
en ce moment, et, si vous n'y voyez pas d'inconvénient, je
voudrais terminer en votre compagnie la petite promenade
quotidienne dont j'ai l'habitude depuis si longtemps.

Ils se levèrent tous trois et commencèrent à se promener
de long en large: le soleil était encore assez haut dans le
ciel, et des pinsons chantaient sur les branches. M. Tacaud
réfléchit quelque temps, puis il se moucha et regarda sa
montre qu'il remit dans la poche de son gilet.

— Je parie, dit en riant le président, que vous ne savez
pas l'heure qu'il est; vous avez regardé votre montre, mais
vous ne l'avez pas vue.

— C'est vrai, dit M. Tacaud; c'est une manie que j'ai
chaque fois que je me prépare à parler; mais je pensais à
autre chose, et je n'ai pas vu l'heure.

Il tira de nouveau sa montre de sa poche.

— Bientôt trois heures, dit-il; nous avons le temps de
causer; et, ma foi, ajouta-t-il sur un ton enjoué, vous avez
bien fait d'attirer mon attention sur ce geste machinal; voilà
mon exorde trouvé.

— Voyons cet exorde, dirent à la fois M. Gaudet et
M. Escudier.

— Les premières conquêtes scientifiques de l'homme, com-
mença Fabrice, ont été la mesure de l'espace et la mesure du
temps; ces mesures faites avec plus ou moins de précision
remplacèrent les évaluations personnelles qui diffèrent singulièrement avec les individus. Voilà sur le quai un mât auquel on hisse un pavillon dans certaines circonstances;
quelle hauteur lui donnez-vous?

— Environ quatre mètres, dit M. Escudier.

— Je ne suis pas sûr de mon appréciation, dit M. Gaudet, mais je pense qu'il n'a pas loin de six mètres.

— Voilà, dit M. Tacaud, des évaluations personnelles ; voici maintenant une mesure scientifique : je tire de ma poche une ficelle et j'y attache une pierre ; je fais de la sorte un grossier fil à plomb dont je limite la longueur par ce nœud fait en cet endroit ; je le laisse pendre jusqu'à terre et je vois sur le sol l'ombre de mon fil. Voici ici l'ombre du nœud ; veuillez la marquer, monsieur Escudier, et marquez en même temps le point où tombe le fil à plomb. Là, merci ; je mesure maintenant, avec la même ficelle, la distance qui sépare ces deux points, la longueur de l'ombre de mon fil à plomb ; si j'avais ici le mètre de Joseph Bagatelle, je saurais vous dire quel est en ce moment, avec la position actuelle du soleil, le rapport de la longueur d'un objet vertical à la longueur de son ombre. Je mesurerais aussi l'ombre du mât, et j'en conclurais immédiatement sa hauteur ; et j'aurais fait de la géométrie.

— Vous auriez appliqué la théorie des triangles semblables, dit M. Gaudet.

— J'aurais d'abord tiré parti, dit Fabrice, de certaines connaissances résultant de l'expérience de mes ancêtres : la notion du parallélisme des rayons du soleil et celle du parallélisme des fils à plomb en un point donné du globe (car je suppose qu'on a employé le fil à plomb pour dresser ce mât). J'aurais ensuite appliqué, comme vous dites, la théorie des triangles semblables, c'est-à-dire une formule dans laquelle un homme de génie a résumé la conclusion d'un grand nombre d'observations concordantes. Et grâce à cela je connaîtrais la hauteur du mât, sans être obligé d'y monter moi-même, avec une approximation qui dépendra de la valeur de mes instruments et non plus de mon aptitude plus ou moins grande à évaluer une hauteur à l'œil.

— L'approximation dépendra aussi de la manière dont

vous vous servirez de ces instruments, dit le professeur du collège; il y a des observateurs habiles et des observateurs médiocres; chacun introduit, dans les mesures qu'il effectue, ce qu'on appelle son « équation personnelle ».

— Vous avez raison, répondit M. Tacaud, mais cette différence, si l'on emploie de bons instruments, se traduira par quelques millimètres à peine, au lieu des deux mètres qui séparent votre appréciation de celle du président; la méthode scientifique ne supprime pas entièrement la personnalité de l'expérimentateur; elle en réduit l'influence au minimum; elle rend les hommes aussi égaux qu'il est possible; avec de très bons instruments, on peut dire qu'elle les rend rigoureusement égaux.

— Je vous marque un point, dit M. Escudier; vous avez déjà fait concorder deux des propriétés que vous prêtiez tout à l'heure à la science : celle de se servir de mesures précises et celle de diminuer l'inégalité des hommes.

— Et même une troisième, ajouta Fabrice, car je me suis servi d'une *formule* précise résumant un grand nombre d'observations concordantes, et je vous ai dit que la science peut aussi être considérée comme un ensemble de formules précises, une langue bien faite. Dans le cas de ce mât, la formule que nous avons employée est purement géométrique et infiniment simple; elle établit de tels rapports entre des grandeurs données qu'elle nous permet de déduire avec certitude l'une de ces grandeurs de la mesure des trois autres; et cela a un avantage, puisque cela nous a évité de grimper sur le mât. La géométrie est un ensemble de formules reliant entre elles des longueurs, voire même des surfaces et des volumes, et permettant de déduire le nombre mesurant un élément inaccessible ou difficile à évaluer de la connaissance de nombres faciles à obtenir. La mesure des angles a accru son domaine dès que l'on a su établir des relations exactes entre les angles et les longueurs; la trigonométrie s'est ajoutée à la géométrie; des hommes de génie ont découvert les formules établissant, dans tous les cas prévus, des relations numériques entre tous les éléments mesurables dont je viens de parler ; d'autres nous ont appris à manipuler ces formules et à les ramener à des énoncés plus simples suivant les besoins des problèmes posés ; ils ont créé l'algèbre qui est la langue de la science ; c'est une langue admirable et dont la connaissance décuple les facultés de l'homme ; elle s'enseigne aisément aux enfants ; aujourd'hui un gamin de quinze ans peut résoudre comme en se jouant des problèmes dont Pascal eût été embarrassé.

— Vous exagérez peut-être, dit M. Gaudet, en prêtant cette faculté à un enfant de quinze ans ; la connaissance approfondie des mathématiques demande une maturité d'esprit que les sujets d'élite ont seuls avant dix-sept ou dix-huit ans ; mais combien vous avez raison en disant que l'algèbre est une langue admirable ! et combien impersonnelle ! Le seul point où se manifeste la personnalité de l'élève est dans la recherche de la manière dont il est plus avantageux d'attaquer le problème posé ; une fois cela fait, celui qui connaît bien son cours devient une simple machine ; c'est comme s'il plaçait l'énoncé du problème sur une roue qu'il n'y aurait qu'à tourner pour en faire sortir au bout d'un instant, en langage vulgaire, la solution du problème proposé. Le travail du mathématicien est un travail de traducteur ; il traduit d'abord en langue algébrique l'énoncé de la question donnée ; il fait fonctionner sa machine à résoudre les équations, et obtient ainsi, en fin de compte, une traduction nouvelle en langue vulgaire, traduction qui est la solution demandée.

— C'est cette admirable fécondité de la langue mathématique, reprit M. Tacaud, qui a poussé les hommes à essayer de l'appliquer à tout ce qui existe, et pas seulement aux longueurs, aux angles, aux surfaces et aux volumes, comme cela avait lieu en géométrie ; on a fait dans cette voie des pas de géant, et l'on peut prévoir la réalisation prochaine de cette affirmation de Kant : « Il n'y a de science proprement dite, dans les sciences physiques, que ce qui s'y trouve de mathématique. »

— J'ai entendu discuter cette affirmation, dit le président; mais il me semble oiseux de la discuter avant d'avoir défini la *science proprement dite*; je crois d'ailleurs que cet aphorisme en est précisément la définition; reste à savoir si cette définition est utile.

— Il est toujours bon de savoir de quoi l'on parle, dit Fabrice, et l'on doit définir tous les termes au sujet desquels une équivoque est possible. Non pas qu'il faille suivre dans leurs exagérations certains philosophes qui ont voulu définir des notions irréductibles comme l'espace et le temps; tout ce que nous faisons, tout ce que nous disons est dans l'espace et dans le temps; il est donc illogique de vouloir définir l'espace et le temps avec la langue humaine qui est dans l'espace et dans le temps; mais si l'on ne peut les définir, on peut les mesurer, et c'est tout ce qu'il nous faut. Ma montre, que je consultais tout à l'heure, me permet de parler d'intervalles de temps égaux sans que j'aie besoin de savoir ce que c'est que le temps; je puis représenter un intervalle de temps par un nombre d'unités de temps, comme je représente une longueur par un nombre d'unités de longueur; la numération est identique dans les deux cas; et même, rien ne nous permet de savoir si les hommes ont commencé par compter des objets séparés par des discontinuités, ou des intervalles de temps; ces deux notions se confondent, car on ne peut compter que dans le temps, et, si l'on compte régulièrement, compte des intervalles de temps en même temps que des objets; c'est encore une manière de mesurer le temps que de compter; les enfants et les gens du peuple parlent volontiers de quelque chose qui dure « le temps de compter jusqu'à cent ».

— Les anciens mesuraient le temps au moyen de clepsydres ou de sabliers, dit M. Gaudet; il suffit, pour mesurer le temps, d'avoir sous les yeux un phénomène susceptible de se reproduire semblable à lui-même dans des conditions identiques ; le pendule est l'idéal à ce point de vue, et Huyghens nous a donné le principe du chronomètre le plus parfait.

— La plus ancienne notion acquise par les hommes, dit M. Tacaud, est en effet celle du *déterminisme* de la nature ; cette notion résulte d'une observation tellement ancienne et si souvent répétée qu'elle nous paraît tout à fait banale : dans des conditions données, les mêmes causes produisent les mêmes effets ; c'est ce qui nous a permis de mesurer le temps ; nous déclarons égaux deux intervalles successifs pendant chacun desquels un même phénomène s'effectue de la même manière, et nous n'avons pas peur de nous tromper, quoiqu'il nous soit impossible de vérifier l'égalité de ces deux intervalles en les superposant ; c'est là la définition de la mesure du temps ; mais cette définition n'est pas une définition à priori ; elle vient de la notion antérieurement acquise du déterminisme, qui est la base de toute connaissance humaine et le fondement de la science.

— Mais, objecta le président, avant d'inventer les clepsydres et les sabliers, les hommes ont déjà mesuré le temps par la numération des jours et des nuits et par l'observation du mouvement des astres.

— C'est même probablement, dit M. Tacaud, l'inégalité évidente des jours et des nuits qui a poussé les hommes à étudier avec plus de soin le mouvement des astres, et à y chercher quelque chose de constant que ne fournissait pas l'étude du soleil ; l'astronomie est très ancienne et a contribué pour une part considérable aux progrès de la langue mathématique dont elle avait besoin. C'est en astronomie que s'est posé d'abord avec précision le problème du mouvement, c'est-à-dire un problème plus compliqué que ceux de la géométrie, et dans lequel il fallait chercher des relations, non plus entre des longueurs, des angles, des surfaces et des volumes, mais entre ces deux choses irréductibles, des espaces et des temps. C'était le fondement de la *mécanique* ou « étude des mouvements » qui, au dire de beaucoup de savants, est la science universelle. C'est d'ailleurs en astronomie que la mécanique trouve ses exemples les plus parfaits; les mouvements que nous observons à la surface de la terre sont bien plus compliqués et plus encombrés de phénomènes secondaires. Les instruments employés par les astronomes sont arrivés de nos jours à un grand degré de perfection; ceux de nos ancêtres étaient beaucoup plus grossiers, et leur ont permis cependant d'obtenir des résultats prodigieux, ce qui prouve, plus que tous les discours, l'excellence de la méthode scientifique, même servie par des outils médiocres. L'application à l'astronomie de la notion préexistante du déterminisme naturel a permis de prévoir avec une précision de plus en plus grande les phénomènes célestes importants, comme les éclipses de lune et de soleil. C'est dans cette science du ciel qu'à pu pour la première fois s'appliquer l'aphorisme proposé par Auguste Comte : « Savoir, c'est prévoir. » Cet aphorisme ne s'appliquait pas à la géométrie, qui n'exploite pas la notion de temps; et cela prouve déjà que les diverses propriétés auxquelles on reconnaît la science ne se rencontrent pas toutes dans n'importe quelle science; mais n'anticipons pas.

— Je suis très impatient de connaître votre définition générale, dit le président.

M. Tacaud sourit, se moucha, et continua en ces termes :

— Les premiers astronomes se bornèrent à cataloguer des observations nombreuses, sans prévoir la possibilité d'en tirer des formules générales simples; leur ambition se bornait à établir des cartes convenables du ciel à des moments précis et à en tirer la prévision des positions ultérieures des divers astres. Enfin, après un certain nombre d'essais partiels, qui suffiront à immortaliser les Copernic et les Galilée, Kepler, utilisant les minutieuses observations de ses devanciers et en particulier celles de Tycho-Brahé, trouva le moyen de raconter dans un langage simple l'histoire de ces

KEPLER (1571-1630).
Astronome allemand, né à Weil (Wurtemberg).

Fac-similé d'une gravure de Thomas de Leu.

astres particuliers qu'on appelle les planètes; il résuma cette histoire dans les trois phrases immortelles dites « lois de Kepler » (1), car on nomme *lois naturelles* les formules dans lesquelles l'homme résume les résultats de son expérience et de celle de ses ancêtres. On put penser à cette époque que l'astronomie du système solaire était finie; c'était une science purement descriptive, mais néanmoins, malgré sa complexité apparente, susceptible d'être résumée en trois phrases qui ne s'appliquaient à rien qu'à l'astronomie planétaire; on n'avait encore aucune raison à ce moment de croire à l'unité de la science.

— Nous arrivons donc à ce nouveau caractère de l'unité dont vous nous avez déjà parlé, dit avec satisfaction le président.

— C'est le plus important de tous, répondit Fabrice, du moins si le rêve des monistes se réalise. Entre temps, continua-t-il, d'autres chercheurs avaient étudié le mouvement des solides à la surface de la terre; en particulier, la chute des corps, phénomène familier depuis l'origine, avait été ramenée, elle aussi, à des formules tellement simples qu'elles furent rapidement connues partout.

— Nous les enseignons dans les classes supérieures, dit M. Gaudet, du moins les formules applicables à la chute des corps dans le vide, car les phénomènes dus à la résistance de l'air sont plus compliqués; nous faisons faire couramment le problème de l'évaluation de la profondeur d'un puits étant donné le temps que met une pierre à tomber dedans; les résultats sont d'ailleurs loin d'être parfaits, car il y a de l'air dans les puits, et cela complique la question.

---

(1) Voici les lois de Kepler : 1° Les orbites planétaires sont des ellipses dont le soleil occupe l'un des foyers.

2° Le temps employé par une planète à décrire une portion de son orbite est proportionnel à la surface de l'aire décrite pendant ce temps par son rayon vecteur.

3° Les carrés des temps des révolutions planétaires sont proportionnels aux cubes des grands axes de leurs orbites.

— Mais il n'y a pas d'air dans les espaces astronomiques, reprit M. Tacaud, et c'est précisément à la chute des corps dans le vide que Newton put comparer le mouvement des planètes et de leurs satellites. Par un trait de génie, il ramena les trois formules de Kepler et la formule de la chute des corps à une formule unique ; il fit entrer l'astronomie dans la mécanique, et fonda la mécanique céleste.

— On nous apprend, dit M. Escudier, que l'idée de l'attraction universelle vint à Newton en voyant tomber une pomme.

— C'est possible, quoique cela ait été inventé après coup; pour un penseur comme Newton, préoccupé de certains problèmes généraux, tout est matière à réflexion ; c'est peut-être la chute d'une pomme qui a déterminé chez lui le dernier effort, et a fait éclore, dans son esprit depuis longtemps préparé, la formule de l'attraction universelle. Quoi qu'il en soit du plus ou moins de vraisemblance de cette anecdote, la formule de Newton marque une date des plus importantes dans l'histoire des sciences.

— Newton nous a donné l'explication du monde, dit M. Alexis Gaudet.

— C'est justement là qu'est, à mon avis, répondit M. Tacaud, le danger de la formule de Newton ; il l'a bien senti lui-même, et il a énoncé sa loi, non pas sous cette forme affirmative: « Les corps s'attirent, etc... ; » mais sous une forme plus prudente: « *Tout se passe comme si* les corps s'attiraient proportionnellement à leurs masses et en raison inverse du carré de leur distance. » Au point de vue mathématique, les deux formules sont équivalentes ; au point de vue philosophique, la seconde est bien préférable, justement, monsieur Gaudet, parce qu'elle ne prétend pas donner d'explication ; la science se compose de constatations précises ; les explications, au sens où l'entendent les métaphysiciens, n'ont pas de valeur scientifique.

— Oh! oh! voilà du nouveau, dit M. Escudier : la science

ne nous donnera pas les explications dont notre nature a besoin ; vous proclamez à votre tour la banqueroute de la science !

— La science, reprit Fabrice, est une série de constatations bien faites, un ensemble de mesures exactes entre lesquelles des esprits généralisateurs ont établi des relations mathématiques. Envisagées à ce point de vue, ses conquêtes sont inattaquables et définitives. Les lois de Kepler sont un exemple admirable des formules purement descriptives. Newton a eu le grand mérite d'en tirer une formule unique qui, s'appliquant en outre à la chute des corps sur la terre, a embrassé dans son cadre si restreint un ensemble formidable de phénomènes ; mais il faut se défier de la folle du logis, même chez les plus grands hommes, et vous savez que Newton attribuait autant de valeur à son explication de l'Apocalypse qu'à la gravitation universelle. Il était hanté comme tous les hommes par ce besoin de comprendre, d'expliquer, qui résulte dans nos cerveaux actuels de la croyance, commune à nos ancêtres préscientifiques, qu'il y avait des explications de tout ; ces explications c'étaient les dieux ; ils sont en dehors du domaine des choses constatables depuis que le déterminisme est établi ; la science n'a rien à faire avec eux ; mais les hommes ont tous une tendance métaphysique, et si Newton est devenu si vite illustre, c'est parce que la formule concise dans laquelle il avait résumé les mesures des astronomes et des mécaniciens avait en outre un caractère d'explication qui satisfaisait notre besoin de comprendre. Il l'a bien senti lui-même, car il était métaphysicien comme nous le sommes tous ; c'est justement parce qu'il a cru avoir trouvé l'explication du monde qu'au lieu de dire simplement : « Les corps s'attirent, » il a dit avec modestie : « Tout se passe comme si les corps s'attiraient. » Au fond, rien qu'à cause de cette restriction dans sa formule, je suis convaincu qu'il *croyait* aux attractions et aux répulsions ; les *forces* sont nos dieux d'aujourd'hui. C'est parce qu'il s'ima-

NEWTON (1642-1727).
Physicien anglais, né à Voolsthorpe (Angleterre).

Fac-similé d'une gravure de Augustin de Saint-Aubin.

ginait savoir ce que c'est qu'une force, qu'il a hésité devant l'affirmation de la découverte qu'il venait de faire, et qu'il a employé une formule prudente ; s'il n'avait pas eu cette préoccupation métaphysique, il aurait simplement dit : « Les corps s'attirent..., etc... », ce qui était l'expression en langue vulgaire d'une formule mathématique rigoureuse.

— Vous bouleversez toutes mes idées, dit le président du tribunal. Est-ce qu'au XXe siècle on aura la prétention de nous empêcher de croire aux forces ?

— Les forces, dit M. Gaudet, sont des éléments mesurables ; on a donné le nom de *dynamomètres* aux instruments qui servent à les mesurer.

— Prenez garde, répondit M. Tacaud ; nous entrons précisément ici dans un second groupe des sciences, et je crains que vous ne vous laissiez duper par le mot mesure ; il y a fagots et fagots. Newton n'a pas mesuré au dynamomètre l'attraction de la lune par la terre, et malgré cela, grâce à cela, devrais-je même dire, il a pu établir la formule rigoureuse de l'attraction universelle. Nous avons jusqu'à présent parlé des sciences d'observation dans lesquelles on mesure des espaces (longueurs, angles, surfaces, volumes) et des temps, pour établir ensuite des relations mathématiques entre les nombres qui représentent ces mesures ; c'est le cas de l'astronomie, qui fournit à la mécanique son exemple le plus parfait ; nous avons fait de la géométrie, et nous avons relié par des formules les descriptions géométriques successives d'un ensemble de corps considéré à des moments bien déterminés. Là nos mesures étaient des mesures arithmétiques ; une longueur de 25 mètres à laquelle on ajoute une longueur de 15 mètres devient une longueur de 40 mètres ; un angle de 15 degrés auquel on ajoute un angle de 10 degrés devient un angle de 25 degrés ; un intervalle de 7 minutes auquel on ajoute un intervalle de 8 minutes devient un intervalle d'un quart d'heure. Les mesures d'espace et les mesures de temps jouissent donc d'une propriété additive qui permet de leur appliquer directement les règles de l'arithmétique ; aussi l'algèbre, qui est l'arithmétique généralisée, se sert-elle immédiatement de ces mesures ; les appareils qui servent à mesurer les grandeurs de cette nature sont, en conséquence, gradués en parties égales, et sans aucune convention arbitraire. Je sais immédiatement ce que c'est qu'une longueur double d'une autre, un angle moitié d'un angle, un temps triple d'un autre temps. Or, constatant la commodité extrême des mesures d'espace et de temps, l'homme a été amené naturellement à essayer de mesurer d'une manière analogue d'autres manifestations de l'activité extérieure, manifestations dont il prenait connaissance non plus au moyen de ses yeux comme pour les mesures d'espace, mais au moyen de tel ou tel autre de ses moyens de connaître ; il a voulu mesurer les températures dont il avait connaissance par son sens de la température, les efforts dont il avait connaissance par son sens de l'effort ; il a voulu mesurer ses sensations d'une manière générale, et nous avons vu apparaître des instruments que l'on appelait thermomètres, dynamomètres, esthésimètres. Et il se trouvait précisément que ces sensations ne sont pas susceptibles d'une évaluation directe et rigoureuse ; nous ne savons pas ce que veut dire cette phrase : tel corps est deux fois plus chaud que tel autre ; tel effort est triple de tel effort ; notre sens de la température, notre sens de l'effort ne nous donnent pas d'impressions susceptibles d'addition et de soustraction ; ce ne sont pas des sens arithmétiques : l'arithmétique est née chez l'homme de l'observation des durées ou des grandeurs géométriques ; elle n'est pas applicable aux sensations de goût ou d'odorat.

M. Escudier éclata de rire.

— Pardonnez-moi, dit-il ; je suis attentivement vos explications, mais je ne puis m'empêcher de rire, parce que vous avez rappelé à mon souvenir le « Normand » de Guy de Maupassant. Cet ingénieux ivrogne avait inventé le *soulomètre*, appareil purement imaginaire d'ailleurs, et dont la lecture lui était personnelle ; il évaluait en centimètres le degré d'ivresse auquel il était arrivé ; « en ce moment, disait-il, je suis dans les 90 ! » mais il avait avec Mélie, sa femme, des discussions interminables, prétendant que jamais de sa vie « il n'avait dépassé le mètre » ! J'avoue que la vérification était difficile.

— C'est là une charmante parabole, reprit Fabrice, et qui explique mieux que je n'aurais su le faire l'impossibilité d'une appréciation directe, exprimable par un nombre, de la valeur des sensations humaines ; aussi les hommes ont-ils cherché à trouver, dans les phénomènes dont ils étaient avertis par leurs autres sens, un élément mesurable par les yeux, un élément qui se manifestât par une variation de longueur. Ils en ont trouvé sans peine dans beaucoup de cas. La chaleur déforme les corps solides, l'effort déforme un ressort d'acier. En mesurant avec un mètre la déformation d'un corps solide donné ou d'un ressort préalablement choisi, on pouvait représenter par un nombre de millimètres un effort ou une température. Et l'on a pu croire que l'on avait réalisé ainsi des mesures analogues à celles de la géométrie, mais c'est là une erreur évidente.

— Ces mesures, dit M. Gaudet, sont des mesures empiriques ; elles sont parfaitement correctes du moment qu'on a choisi, une fois pour toutes, le corps dont on étudie la déformation, du moment qu'on a adopté un certain thermomètre ou un certain dynamomètre.

— Elles sont correctes, répondit M. Tacaud, en ce sens qu'elles permettent de définir des efforts égaux, des températures égales, en partant de ce principe du déterminisme universel que les mêmes causes produisent les mêmes effets. On dira que deux températures sont égales si elles déterminent dans le même corps le même allongement. Mais elles sont dangereuses dès qu'elles définissent par un nombre un effort ou une température. Les nombres donnent toujours l'idée de l'addition ou de la soustraction. Croyez-vous, si un effort donné diminue de 2 centimètres la longueur du ressort à boudin, qu'il faudra appeler double un effort qui diminue cette longueur de 4 centimètres ?

— On gradue les dynamomètres par comparaison, reprit le professeur du collège. On suspend au crochet de l'instrument un poids de 1 kilogramme et l'on marque 1 au point convenable; puis on suspend deux poids de 1 kilogramme et on marque 2, et ainsi de suite; on sait ensuite très bien évaluer les efforts en kilogrammes, au moyen du dynamomètre gradué par comparaison.

— Et le tour est joué, dit M. Tacaud; on s'imagine que l'on a *mesuré* les efforts, et qu'on les a représentés par des nombres qui signifient quelque chose. Si vous avez les yeux fermés, et si l'on suspend successivement à votre main, par un anneau identique, un poids de 1 kilogramme et un poids de 5 kilogrammes, saurez-vous, par votre sens de l'effort, que le second poids vaut cinq fois le premier? Non évidemment; cela vous est impossible; si donc vous marquez le dynamomètre 1 pour le premier cas et 5 pour le second, vous n'avez pas mesuré votre effort; vous avez mesuré quelque chose de précis, mais ce n'est pas l'effort que vous vouliez mesurer; le nombre 5, par rapport à vous, ne signifiera rien. C'est comme si le Normand de Guy de Maupassant avait gradué son soûlomètre en comptant 1 pour le premier verre d'eau-de-vie, 2 pour le second, et ainsi de suite; sa graduation lui indiquerait ensuite la *quantité* d'eau-de-vie absorbée et non le degré d'ivresse correspondant; de même le dynamomètre gradué comme vous venez de le dire vous renseigne numériquement sur la *quantité*, sur la *masse* de cuivre que vous y avez suspendue, et non sur l'effort que vous feriez pour soulever cette masse. Mais vous *convenez* d'appeler *deux* l'effort nécessaire pour soulever 2 kilogrammes, en prenant pour unité l'effort nécessaire pour en soulever 1; vous avez défini ainsi, par la graduation empirique du dynamomètre, une quantité nouvelle *analogue* à un certain point de vue à l'effort que vous connaissez par votre sensation particulière d'effort, mais qui, évidemment, si elle se traduit par des manifestations du même ordre, n'est pas numériquement comparable à l'intensité de cette sensation. Il y a là un petit tour d'escamotage dont le résultat est de faire croire à l'homme qu'il sait ce que c'est que les *forces* mesurées par le dynamomètre parce qu'il en a le modèle en lui-même. C'est, au sens philosophique, une grave erreur et dont on a étrangement abusé. Je parle de la *force* nécessaire pour soulever 1 kilogramme de cuivre, et je *sais* directement, par une sensation d'effort, ce que c'est que cette force; quand il s'agit ensuite de la force nécessaire pour soulever 2 kilogrammes, je sais également ce que c'est; mais si je mesure cette force par un nombre double de la première, c'est que j'ai renoncé à définir les forces par ma sensation d'effort; je ne sais plus alors ce que c'est que les forces; du moins je ne le sais plus *directement*; ce sont des quantités nouvelles qui n'ont plus qu'un rapport éloigné avec mes sensations, et qui sont définies par la graduation empirique du dynamomètre. Elles ont en cela l'avantage d'être devenues des quantités impersonnelles, des quantités mesurables et sur lesquelles on peut faire les opérations de l'arithmétique.

— J'avoue que je ne saisis pas très bien, dit le président; cela me paraît bien subtil; vous voulez dire, si je ne me trompe, qu'il n'est pas certain que deux litres d'eau soient deux fois plus lourds qu'un litre d'eau; pour ma part je trouve au contraire qu'aucune certitude n'est supérieure à celle-là.

— C'est également mon avis, dit M. Gaudet; je démontre couramment à mes élèves des classes supérieures que le poids d'un corps est, en un point donné de la terre, proportionnel à sa masse, et cette démonstration me paraît impeccable; le poids de deux litres d'eau est évidemment double du poids d'un litre d'eau; cela est indiscutable.

M. Tacaud fit un geste d'impatience.

— Tout le monde me dit la même chose, reprit-il; les

hommes ne sont pas aptes à saisir les conventions auxquelles ils sont habitués depuis longtemps, et ne remarquent plus que ce sont des conventions; vous croyez savoir ce que c'est que le poids d'un corps, et vous trouvez naturel que le poids double avec la masse, parce que cette convention est courante; mais cette convention est la définition du poids; vous choisissez comme unité de poids le poids d'un litre d'eau et ensuite vous appelez *double* le poids de deux litres d'eau; c'est une définition. Elle ne vous paraît pas telle parce que vous l'avez faite implicitement trop souvent; mais c'est absolument comme si, prenant pour unité d'ivresse l'ivresse d'un homme qui a bu un décilitre d'eau-de-vie, vous appeliez *double* l'ivresse d'un homme qui en a bu deux décilitres. Ce serait une convention, une définition qui n'aurait plus qu'un rapport lointain avec la sensation d'ivresse.

— Le poids d'un litre d'eau, dit M. Gaudet, est la force qui sollicite un litre d'eau vers le centre de la terre; il est évident que le poids de deux litres d'eau, force qui sollicite deux litres d'eau vers la terre, est double du premier.

— Et cependant, dit M. Tacaud, vous n'avez pas le droit de dire que, pour empêcher deux litres d'eau de tomber, vous faites un effort double de celui qui vous est nécessaire pour un litre; ceci vous le reconnaissez certainement. Or, ces choses mystérieuses que vous appelez des forces, vous n'en avez de modèle que dans vos efforts personnels, et vous trouvez tout naturel d'appliquer aux forces une loi d'addition qui ne s'applique pas à vos sensations d'effort.

— Quand je soulève une masse double, dit M. Gaudet, je fais un effort double, mais ma sensation d'effort est obtuse et ne me permet pas de l'évaluer numériquement comme il faudrait.

— M. Gaudet parle très judicieusement, dit le président du tribunal; pourquoi nous empêtrer, quand nous parlons de forces, de la considération de notre sensation d'effort qui est certainement très obtuse?

— C'est tout ce que je voulais vous faire dire, répondit M. Tacaud avec satisfaction; nous voilà d'accord. Si nous prenons, pour unité de force ou d'effort, la force qui sollicite vers la terre 1 kilogramme d'eau, nous appelons force double celle qui, au même endroit, sollicite vers la terre 2 kilogrammes d'eau. Ainsi nous avons une définition précise des forces ou efforts; mais vous venez vous-mêmes de déclarer que l'on ne saurait trouver dans la sensation humaine d'effort aucune représentation précise de ce que c'est que ces quantités numériquement définies; et comme nous n'en avons pas davantage ailleurs, nous déclarons que nous ne savons pas ce que c'est que les forces, que nous les reconnaissons seulement à leurs effets, que nous les définissons même, que nous les mesurons par leurs effets mesurables; la force ainsi comprise n'est plus qu'un nombre défini après coup; ce n'est qu'un artifice de calcul.

— Vos subtilités, dit M. Gaudet, ont réussi à rendre trouble chez moi la notion de force qui y était parfaitement claire.

— Parfaitement claire, mais ne se prêtant à aucune mesure directe, répondit M. Tacaud. Nous sommes tous métaphysiciens; nous avons tous des notions *a priori* qui sont parfaitement claires tant que nous n'essayons pas de les définir avec précision. C'est justement pour cela qu'il est bon de ne considérer comme scientifique que ce qui a pour point de départ des éléments effectivement mesurables. Quand on parle de forces, on croit qu'on sait ce que c'est parce qu'on pense à la sensation qu'on éprouve en bandant un ressort, en soulevant un poids; on considère une force appliquée à un corps comme le résultat de l'effort d'un homme invisible qui tire sur ce corps; quand on parle de l'attraction de la lune par la terre, on pense de même à une entité statique représentant, entre ces deux astres, soit un ressort tendu, soit une divinité d'effet équivalent; nous ne connaissons les forces que par leurs effets; nous ne mesurons que leurs effets, mais nous parlons de forces, parce que nous en avons un modèle en nous-mêmes et que nous croyons savoir par conséquent ce que c'est ; quand nous voulons ensuite mesurer les forces, nous abandonnons le modèle que nous en possédons ; mais comme nous sommes des métaphysiciens incorrigibles, cette notion nous devient d'autant plus claire que nous ne la comparons plus à rien. Faites entrer ceci dans les cerveaux et il n'y aura plus de métaphysique.

— En voyez-vous donc la nécessité ? dit M. Escudier.

— Ceci est une autre question, répondit Fabrice ; nous pourrons la discuter une autre fois et vous me trouverez alors, soyez-en persuadé, beaucoup moins solide sur mes positions. La question de la mesure des forces nous a naturellement fait sortir des considérations purement scientifiques, car c'est précisément la notion de force qui est l'un des ponts les plus importants entre la science et la métaphysique ; quand on parle de cause ou de force, on peut se placer au point de vue mathématique ou au point de vue métaphysique ; au point de vue mathématique, les causes d'un phénomène, qui se produit dans un ensemble de corps formant un système indépendant, sont seulement *les états antérieurs* de ce système, états qui, s'ils étaient bien connus de nous, nous permettraient de prévoir le phénomène actuel ; les forces sont des nombres que l'on calcule au moyen d'éléments mesurables d'espace et de temps. Il n'y a là rien de mystérieux, rien de discutable. Au point de vue métaphysique, c'est tout autre chose ; nous avons peuplé l'univers d'entités actives calquées sur le modèle de l'activité humaine ; ces entités sont, dans la narration vulgaire des faits, les causes des phénomènes extérieurs. Et nous venons précisément de voir que les forces définies par une convention mathématique ne sont pas numériquement comparables aux forces définies par la considération de l'effort humain. C'est ce qui fait que nous ne nous sommes pas entendus ; au point de vue mathématique, on s'entend toujours ; la science est impersonnelle.

— Et comment définissez-vous donc les forces? dit M. Gaudet.

— Par les changements qui se produisent dans l'état de repos ou de mouvement des corps; voici un corps qui, abandonné à lui-même, a une vitesse donnée et une direction donnée; je constate à un certain moment qu'il change de vitesse et de direction, et ce changement, je le résume dans une représentation unique, par une force, c'est-à-dire par un nombre que je calcule *a posteriori*, d'après certaines conventions; au point de vue mathématique, la force ainsi définie et le changement qui a servi à la définir ne sont que des expressions équivalentes d'un même fait; suivant les cas, telle ou telle expression sera plus commode dans les problèmes; la définition de la force est un artifice de calcul. Les métaphysiciens pourront ensuite, s'ils le veulent, considérer ces forces comme des entités et dire que ce sont les forces qui changent le mouvement des corps; évidemment cela ne conduira à aucune contradiction mathématique. La loi de Newton n'est qu'une forme synthétique des lois de Képler et des lois de la chute des corps; c'est une formule mathématique équivalente et qui a seulement le mérite de l'unité. En toute franchise, le grand mathématicien aurait donc dû dire : « Les corps s'attirent... » et non : « Tout se passe comme si les corps s'attiraient. » C'est des formules de Képler dans lesquelles il n'y avait que des espaces et des temps que Newton a tiré, par le calcul, les nombres mesurant des *forces*, qui ne sont que des fonctions mathématiques de l'espace et du temps. Libre aux philosophes de faire ensuite des assauts d'éloquence sur la nature essentielle de ces forces; cela ne regarde pas les savants. Les savants n'ont pas la prétention de connaître l'essence des choses; ils se bornent aux éléments mesurables; mais du moins ils sont sûrs de ce qu'ils avancent, en tant que savants uniquement préoccupés de mesures; seulement, les savants sont des hommes; tous les hommes sont métaphysiciens, et Newton a certainement cru que son admirable formule le faisait pénétrer au sein des secrets de l'univers.

— Enfin, dit le président du tribunal, vous voulez nous démontrer qu'il n'y a pas de forces dans la nature.

— Dieu m'en garde, répondit M. Tacaud ; ce serait là une affirmation métaphysique aussi éloignée de la science rigoureuse que celle des gens qui disent le contraire ; je prétends seulement que ce que les mathématiciens appellent force ne correspond pas à la sensation d'effort que connaît chacun de nous ; or c'est de cette sensation d'effort que partent les philosophes pour peupler la nature de forces ; j'en conclus que les forces des philosophes sont autre chose que celles des mathématiciens, et voilà tout. Les premières sont calculées d'après des éléments mesurables ; les dernières ne sont pas susceptibles de mesure ; leur définition est vague, elles ne sont même pas définies du tout ; les savants n'ont donc pas à s'en préoccuper. Il est certain que l'idée de la définition mathématique des forces est venue à l'homme de la constatation des efforts au moyen desquels il modifiait l'état de repos ou de mouvement des corps ; mais avant que cette définition mathématique fût réalisée, la science des forces, la science des efforts, était une petite science à part, une dynamique localisée dans quelques phénomènes restreints comme la tension d'un ressort ou la compression d'un gaz. Il est possible que les dynamomètres primitifs aient été, comme le sont encore les « têtes de Turc » des foires, gradués en parties d'égale longueur ; alors, les mesures fournies par ces instruments ne pouvaient avoir aucun rapport direct avec les mouvements étudiés en mécanique. La convention de la proportionnalité des poids aux masses, des forces aux accélérations, a jeté un pont entre cette dynamique primitive et la mécanique des mouvements ; et cela a été très fécond, mais la notion de force en a été modifiée du tout au tout ; elle est entrée dans la mécanique en perdant son caractère originel ; la même chose s'est produite, mais bien plus lentement et plus difficilement, pour la science des températures, ainsi que je vais essayer de vous le montrer.

— Je vous prie de m'excuser, dit le professeur du collège ; je ne suis plus habitué à faire un effort cérébral aussi soutenu, et vous avez troublé chez moi des notions sur lesquelles je me reposais depuis trop longtemps pour ne pas me ressentir de leur ébranlement ; il me serait impossible de suivre désormais vos raisonnements rigoureux.

— Je suis dans le même cas, dit à son tour M. Escudier ; non pas que j'aie à abandonner, sur le sujet que vous venez de traiter, des idées chères ancrées depuis longtemps ; je n'avais pas d'idées du tout sur ce que les mathématiciens appellent des forces, et j'avoue que je parlais de forces, couramment, sans m'être jamais demandé si je savais ce que cela voulait dire ; vous m'avez donc donné des notions que je ne possédais pas, et je crois vous avoir suivi, mais non sans fatigue. D'autre part, je ne vous tiens pas quitte ; il faut absolument que vous me donniez une définition de la science. Nous pourrions reprendre cet entretien un peu plus tard.

Ici le lecteur est invité, lui aussi, à prendre quelque repos. Il retrouvera tout à l'heure nos trois bavards qui se sont donné rendez-vous après dîner chez le président du tribunal, et qui y reprennent bientôt leur discussion scientifique.

DEUXIÈME PARTIE

J'AI continué à réfléchir à la notion de force quand vous m'avez quitté tantôt, dit M. Gaudet, et je voudrais bien avoir votre avis sur une question fondamentale et inséparable de celle des forces : dites-moi ce que c'est que l'inertie ; vous ne pouvez pas parler de la nature des forces si vous ne savez pas ce que c'est que l'inertie.

— Je ne sais pas ce que c'est que l'inertie, répondit Fabrice ; je ne sais pas ce que c'est que la matière, je ne sais rien ; il n'y a que les métaphysiciens qui savent tout, ou qui, du moins, croient qu'on peut tout savoir ; je ne connais que certains aspects du monde, les aspects qui me sont fournis par mes divers sens ; si j'avais des sens différents, je connaîtrais des aspects différents des choses ; j'essaye de mesurer certains de ces aspects et de relier entre eux les nombres qui les mesurent, voilà toute ma science ; c'est toute la science des savants ; elle leur permet de prévoir certains phénomènes et d'en tirer parti, soit pour construire des machines, soit pour éviter des accidents.

— C'est une échappatoire, reprit le professeur du collège. Le principe de l'inertie est exprimé par une formule très claire : « Un corps ne peut changer par lui-même son état de repos ou de mouvement. » Cette formule est adoptée par tous les hommes de science.

— Je m'en suis servi moi-même bien souvent, dit M. Tacaud, et je m'en suis servi à rebours, car j'ai prétendu démontrer que *tout*, dans la vie de l'animal ou de l'homme, est soumis au principe de l'inertie; et j'ai été secoué d'importance à ce sujet par certains philosophes; on m'a fait remarquer que le principe de l'inertie avait été précisément formulé pour distinguer les corps vivants des corps bruts; un homme peut changer *par lui-même* son état de repos ou de mouvement, tandis qu'un corps brut ne le peut pas; les corps bruts sont inertes, par opposition aux corps vivants qui sont doués de mouvement spontané. Ne riez pas, cela est imprimé et je pourrais vous le montrer.

— Mais cela ne me paraît pas risible le moins du monde, dit le président.

— Aussi vous savez ce que c'est qu'une force, répondit M. Tacaud; il y a dans tout ce langage un vieux reste de croyances ancestrales dont nous ne sommes pas encore débarrassés. *Mens agitat molem*, « l'esprit met la matière en mouvement », disait-on au temps de Virgile et bien avant lui déjà, puisque cette affirmation est dans les livres saints. Cette opinion a dû naître en effet de bonne heure chez nos ancêtres; l'homme se meut tout seul; la pierre ne se meut que sous l'influence de quelque chose qui meut; donc il y a dans l'homme quelque chose qui meut. Et ce quelque chose qui meut, l'homme l'a appelé âme chez lui; il a appelé force le quelque chose qui meut les corps bruts. Leibniz déclare qu'il faut reconnaître dans la nature, pour expliquer les mouvements des corps, « quelque chose qui aye rapport aux âmes ». Quand je vous le disais, que notre sensation d'effort était le point de départ de la notion de force! Et il est tout naturel que l'on ait, dans ces conditions, énoncé le principe de l'inertie : Un corps brut ne peut changer par lui-même son état de repos ou de mouvement.

— Le philosophe qui vous a reproché d'avoir appliqué ce principe à l'homme n'avait donc pas tort, dit M. Escudier.

— Est-ce par elle-même que la locomotive marche? reprit M. Tacaud. Nous pourrions l'affirmer si nous ne savions pas ce qui se passe à son intérieur; et si l'homme est un méca-

LAVOISIER (1743-1794).
Chimiste français.

Fac-similé d'une gravure de Tassaërt
(d'après le tableau de David).

nisme qui dépense, comme la locomotive, des matériaux comestibles, où établirez-vous la ligne de démarcation entre le corps qui se déplace par lui-même et celui qui est inerte? Laissons cela de côté; nous nous sommes embarqués dans une mauvaise voie où les mots nous dominent de toute la force de leur longue prescription. Au lieu de dire « par lui-même », ce qui indique une comparaison avec l'effort volontaire de l'homme, on a énoncé sous une autre forme le principe de l'inertie et l'on a dit : « Un corps qui n'est soumis à aucune force ne peut avoir qu'un mouvement rectiligne et de vitesse uniforme. »

— Cette définition doit vous satisfaire plus complètement, dit M. Gaudet; elle n'a pas l'inconvénient de la précédente qui fait appel à une comparaison avec le principe moteur des êtres vivants.

— Mais à quoi, répondit M. Tacaud, reconnaîtrez-vous qu'un corps n'est soumis à aucune force? Est-ce que vous voyez les forces? Est-ce que vous les connaissez autrement que par leurs effets? Il y a encore dans cet énoncé un reste du vieil adage : *Mens agitat molem*. On s'imagine d'abord que l'on sait ce que c'est qu'une force, et ensuite on déclare, quoique n'ayant jamais vu un seul exemple de ce phénomène, qu'un corps qui ne serait soumis à aucune force aurait un mouvement rectiligne et uniforme; il y a des gens qui ont voulu chercher une démonstration expérimentale du principe de l'inertie, comme si l'on pouvait faire entrer en ligne de compte, dans une expérience, des entités qui ne sont que le produit de notre imagination. Ne voyez-vous pas que le principe de l'inertie n'est autre chose que la définition même de la force? Nous constatons qu'un mouvement, au lieu de conserver ses deux qualités mesurables, vitesse et direction, change de vitesse ou de direction; nous évaluons le changement de vitesse qu'on appelle l'accélération et le changement de direction, et nous nous servons de ces mesures pour définir une grandeur mathématique unique, la force, qui résume tout le changement observé ; on a été amené, pour la commodité des calculs, à prendre pour mesure de la force le produit de la masse du corps par son accélération au moment considéré ; et la force, grandeur mesurable, étant ainsi définie, on peut affirmer sans craindre de se tromper que là où il n'y a pas de changement dans les qualités du mouvement la force est nulle.

— Ce que vous venez de dire me frappe profondément, dit M. Gaudet ; je m'aperçois que je parle de forces depuis quarante ans sans m'être demandé ce que c'est, et j'en suis vraiment honteux ; mais j'ai enseigné ce qu'on m'a appris, je ne suis pas coupable. Et comment se fait-il donc que toute la mécanique ait été faite et bien faite par des hommes qui croyaient aux forces ? Comment une erreur de méthode a-t-elle pu conduire à des résultats aussi inattaquables ?

— Les philosophes nous disent, reprit M. Tacaud, qu'il faut avoir une bonne méthode pour rechercher les résultats scientifiques ; mais cela suppose que l'homme sait d'avance ce qu'il trouvera ; or, les chercheurs trouvent le plus souvent autre chose que ce qu'ils espéraient trouver ; et quand enfin on est arrivé à un résultat définitif, alors on peut, en jetant un coup d'œil en arrière, se demander quelle eût été la voie la plus courte, *la méthode,* pour arriver d'emblée au but qu'on a atteint par hasard et par un chemin détourné. Les professeurs enseignent ensuite cette méthode à leurs élèves ; mais ils ne suivent pas en cela l'histoire de la science. Le seul principe de méthode scientifique générale que l'expérience passée nous permette aujourd'hui d'exposer en toute confiance, c'est qu'il ne faut jamais employer un mot dont le sens soit mal défini, et qu'il faut toujours partir des éléments mesurables des choses. Il est possible que de grandes découvertes se fassent en dehors de cette voie et par des routes indirectes, mais une fois qu'elles seront entrées dans le domaine scientifique, on s'en apercevra à la possibilité d'y arriver par une méthode rigoureuse sans refaire tous les détours historiques; c'est en cela que la science diffère de l'histoire de la science.

— J'applaudis de tout cœur à vos remarques, dit M. Gaudet, mais je suis tout triste de n'y avoir pas pensé plus tôt; je suis vieux, et il est difficile, à mon âge, d'apporter sans souffrance des changements importants à sa mentalité.

— Donc, dit M. Escudier, il ne faut plus croire aux forces?

— Le mot croire n'a pas cours dans la science au sens où vous l'entendez, répondit Fabrice. L'apôtre Thomas fut méprisé des enthousiastes illuminés qui entouraient le divin maître, parce qu'il demanda à voir ; mais il fit en cela preuve d'esprit scientifique. L'Église, fondée sur l'enthousiasme et sur la foi, ne rejette plus la méthode de Thomas, puisqu'elle nomme aujourd'hui des commissions chargées de contrôler les miracles de Lourdes. Je ne sais pas s'il existe des forces ou s'il n'en existe pas, cela n'a pas de sens pour moi. La notion de force, venue d'une interprétation provisoire des faits, a conduit par des chemins détournés à la définition précise d'une grandeur mathématique calculée d'après des grandeurs mesurables; en cela elle a été féconde comme beaucoup d'erreurs; mais, je vous le répète, je ne sais pas ce que c'est que croire aux forces; je ne sais que constater des aspects du monde et en mesurer les éléments mesurables. Me demanderez-vous aussi si je crois à la chaleur? Nos ancêtres y ont cru; ils ont pensé que la chaleur était quelque chose que l'on ajoute aux corps froids comme on met de l'eau dans un vase vide; moi je ne connais que les effets de la chaleur; je sens que certains corps sont chauds, d'autres tièdes, d'autres glacés ; je puis énoncer clairement que je perçois, par mon sens de la chaleur ou sens thermique, telle et telle impression; mais je ne puis pas l'évaluer avec précision comme une grandeur arithmétique; je ne puis pas dire : Tel corps est deux fois plus chaud que tel autre; cela ne signifie rien.

— Ici, je vous suis très facilement, dit le président; vous

auriez dû commencer par là et j'aurais peut-être mieux compris ce que vous avez dit des forces.

— C'est probablement, dit M. Tacaud, que la notion de force est une des plus anciennes qui se soient fixées dans le cerveau humain, et je vous avoue que, moi-même qui parais si assuré à ce sujet, je suis obligé de faire bien attention, quand j'en parle, pour ne pas dire des bêtises. Je trouve en effet bien plus facile de vous parler de la chaleur et de vous montrer comment les notions recueillies par notre sens thermique nous ont conduits à des mesures qui ont petit à petit fait entrer la chaleur dans la mécanique, comme l'effort y était déjà entré, en perdant quelques-uns de ses attributs.

— Vous allez nous parler, dit M. Gaudet, de l'équivalence mécanique de la chaleur; ce fut pour moi une grande joie que d'être initié à cette merveilleuse notion; j'ai été heureux d'apprendre que le principe d'équivalence énoncé par Mayer avait été formulé avant lui par notre grand Sadi Carnot; on l'a retrouvé dans ses papiers et sa mort précoce l'a seule empêché de publier cette admirable découverte.

— Le principe d'équivalence est en effet, dit Fabrice, la pierre angulaire de l'édifice scientifique; c'est lui qui fait la réelle unité de la science; je ne parle pas seulement de l'équivalence mécanique de la chaleur, mais de l'équivalence des diverses formes d'énergie. Je ne veux pas d'ailleurs vous faire ici un cours de physique; je veux seulement, comme je vous l'ai promis, vous donner mes idées sur la définition de la science.

— Et nous démontrer que M. Bertillon est immortel, dit M. Escudier qui voulait placer son mot.

— Le principe d'équivalence n'est pas le commencement, c'est la fin de l'histoire de la chaleur; aujourd'hui qu'on y est arrivé, on pourrait commencer par là pour exposer cette partie de la physique; une fois qu'une science est bien faite, on découvre la méthode par laquelle on l'aurait faite plus vite; mais comme il y a d'autres parties de la science qui sont encore à l'état où était notre connaissance de la chaleur avant qu'on en eût découvert l'équivalence mécanique, j'aime mieux suivre l'ordre historique qui s'applique seul à ces autres cas.

D'une manière générale, on commence par essayer de faire des mesures précises; c'est le premier pas. Notre sens de la chaleur nous permettait de constater un aspect particulier du monde extérieur; nous disions que tel corps est chaud, que tel autre est froid. Le même corps pouvait, suivant les moments, être plus ou moins chaud; en observant ce corps attentivement par le moyen de nos yeux, nous avons remarqué qu'il se déformait en même temps qu'il changeait de température, et, cette température que nous constations sans pouvoir l'évaluer au moyen de notre sens thermique, nous avons eu l'idée de la mesurer en unités de longueur, en mesurant la déformation d'un corps choisi. C'est ainsi qu'a été fondée la thermométrie, science *empirique*, dans laquelle on peut mesurer avec précision quelque chose qui varie dans le même sens que notre sensation de température, mais sans savoir aucunement quelle relation existe entre cette température définie par le thermomètre et notre sensation de température. A vrai dire, à partir de ce moment, nous avons complètement abandonné la notion de température que nous fournissait notre sens thermique; ce sens a seulement joué le rôle d'un éveilleur d'idées; il a attiré notre attention sur certains phénomènes qui se passent dans la nature, et qui se manifestent par une dilatation des corps; nous nous sommes mis à mesurer cette dilatation et elle est devenue pour nous le point de départ de l'étude de la chaleur; notre sensation de chaleur nous a fourni seulement le nom dont on a baptisé cette partie de la physique; un homme doué d'anesthésie vis-à-vis de la température pourrait aujourd'hui étudier toute la physique de la chaleur, de même qu'un homme doué d'anesthésie vis-à-vis de la sensation d'effort pourrait étudier toute la mécanique des forces.

— Ceci me fait mieux comprendre ce que vous nous avez dit des forces, dit M. Gaudet; je commence à saisir tout à fait votre idée.

— Il valait mieux cependant commencer par les forces, répondit M. Tacaud, car la physique des forces, la dynamométrie, a eu le grand avantage de passer immédiatement de l'état empirique à l'état scientifique, au moyen de la convention de la mesure des forces par le produit de la masse des corps et de leur accélération. Aussi n'a-t-on pas eu besoin de perfectionner le dynamomètre, que l'on a abandonné bientôt aux marchands forains; au contraire, la science de la chaleur est restée longtemps à l'état empirique, c'est-à-dire entièrement séparée de la mécanique, la température définie par le thermomètre étant purement conventionnelle et même variable avec le corps choisi comme thermomètre. Il a donc fallu perfectionner d'abord la thermométrie, de manière à créer pour la science empirique de la chaleur une unité de langage qui donnât à cette science provisoire l'aspect d'une science définitive.

— Et nous voilà revenus à cette unité de langage qui est aussi un caractère de la science, dit M. Escudier.

— Il en est le principal, reprit Fabrice. On a donc cherché à établir une échelle thermométrique conventionnelle qui pût servir d'une manière uniforme dans tous les cas; je vous fais grâce des détails; la science partielle de la chaleur fit des progrès parallèles à ceux de la thermométrie, c'est-à-dire que l'on parvint à lui appliquer le langage mathématique, quoiqu'elle restât séparée de la mécanique par un abîme qui semblait infranchissable. On attacha à chaque corps un coefficient numérique appelé son coefficient de dilatation, et il fut permis dès lors de prévoir, par un calcul simple, quelle déformation prendrait ce corps pour une variation donnée de température; c'était un second desideratum de la science, la possibilité de prévoir l'avenir dans des conditions données.

— Cela me satisfait pleinement, dit le professeur du collège.

— Les savants, eux, n'étaient pas satisfaits, répondit M. Tacaud. Les coefficients de dilatation ne sont pas des nombres constants aux diverses températures ; tout cet échafaudage conventionnel leur paraissait bien factice. La vieille notion de la chaleur fluide, de la chaleur matière, que l'on ajoute aux corps quand on les chauffe comme on met de l'eau dans un vase vide, conduisit à une nouvelle série de mesures, les mesures des quantités de chaleur : on fonda la science appelée calorimétrie ; et cette science, basée sur une notion enfantine, a précisément été celle qui a jeté le pont sur l'abîme, qui a uni la thermométrie à la mécanique.

— Il ne faut donc pas toujours mépriser les notions vagues qui sont ancrées dans l'esprit des hommes, dit M. Escudier ; ces notions que vous appelez avec dédain métaphysiques ont quelquefois une valeur immense ; c'est la notion métaphysique de force qui a conduit à la formule de Newton.

— Vous avez parfaitement raison, mon cher président ; l'expérience de nos ancêtres n'a pas toujours été précise, et cependant, elle n'est pas sans valeur ; elle se traduit héréditairement en nous par des tendances difficiles à exprimer, mais qui nous font sentir que telle chose est absurde, sans que nous puissions dire pourquoi, que telle autre au contraire est légitime, sans que nous en sachions davantage la raison ; nos ancêtres se sont frottés au monde qui est encore notre monde, et en ont pressenti certaines lois par une observation prolongée ; nous avons donc des idées innées qui peuvent nous mettre sur la voie de grandes découvertes, mais nous en avons d'autres aussi qui sont le résumé héréditaire d'erreurs longtemps accréditées ; nous ne savons distinguer les premières des secondes que lorsque nous y avons introduit la méthode scientifique, la mesure et la précision.

— Je vois bien des exemples dans lesquels nos idées innées nous ont conduits à de grandes découvertes, continua M. Escudier, mais je n'en vois pas un seul où elles nous aient certainement trompés; j'ai la plus grande confiance dans mon intuition.

— Chacun de nous a confiance dans son intuition, répondit Fabrice, et c'est pour cela que les philosophes discutent avec tant d'assurance sans avoir souvent d'autre documentation que celle qu'ils tirent de leur observation intérieure; mais cette confiance est vite ébranlée si l'on veut bien constater que, dans un certain nombre de cas très simples, notre intuition nous donne des certitudes absurdes.

— Je vous serais bien reconnaissant de m'en signaler une seule, dit le président; mais je doute que vous en ayez un exemple clair; si des erreurs vraiment évidentes se glissaient dans notre vision intérieure des choses, nous n'aurions pas en elle cette foi inébranlable; nous nous en corrigerions.

— Avez-vous quelquefois enseigné à des enfants que la terre est ronde? dit M. Tacaud. Et quand ils vous ont dit que les hommes des antipodes ont par conséquent la tête en bas, que leur avez-vous répondu? rien de satisfaisant pour eux, je le pense.

— Ni même pour moi, dit M. Gaudet; j'avoue que je n'ai jamais été bien content de ce que je disais à ce sujet à mes élèves. Je leur expliquais bien que pour chacun de nous le haut et le bas sont définis par le point de la terre où nous nous trouvons, mais ils restaient peu convaincus et se disaient que, comme dans beaucoup de cas où ils comprennent mal, c'est là une formule que l'on doit répéter au maître pour lui faire plaisir. L'un d'eux, un jour, colla sur la mappemonde un soldat en mie de pain qu'il plaça en Nouvelle-Calédonie; il fit constater à ses camarades que, contrairement à mon affirmation, le soldat avait la tête en bas; je le remarquai, mais je ne dis rien parce que cela m'embarrassait.

— C'est que, comme tous les hommes, dit Fabrice, vous ne pouvez secouer le joug d'une idée innée qui est fausse ; pour moi, homme, il y a une direction verticale unique, définie par ma propre verticale à moi, et sans laquelle je ne puis concevoir l'espace. Quand je regarde la lune, je lui vois un haut et un bas ; on me dirait qu'on suspend un fil à plomb sous la lune, que je me l'imaginerais aisément, quoique mes connaissances mécaniques me démontrent l'absurdité de cette proposition. Chateaubriand a parlé de la pluie qui tombe goutte à goutte dans l'infini, et vous l'avez lu sans vous en scandaliser ; les Gaulois craignaient que le ciel leur tombât sur la tête. Cette opinion est toute naturelle ; nous *savons* ce que c'est que tomber d'une manière absolue, et lorsque nous avons appris ensuite que tomber c'est se rapprocher du centre de la terre, nous conservons, à côté de cette certitude mathématique, la notion absolue de verticale qui fait partie de la nature humaine, et qui est absurde. Je vous défie de vous imaginer la terre sans lui voir un haut et un bas ; votre imagination est donc là, dans un cas très précis, en contradiction avec votre raison. Voilà, si je ne me trompe, un exemple très clair.

M. Escudier baissait la tête, évidemment ennuyé.

— Vous m'avez rendu un mauvais service, dit-il ; je vais maintenant me défier de moi plus que de raison, et cela est mauvais pour un juge.

— D'autant plus mauvais, dit M. Tacaud, que les principes au nom desquels vous jugez ressemblent, par bien des points, à la verticale de la lune.

※

— Revenons à la science et aux quantités de chaleur, dit le président ; ceci n'a rien à voir avec notre sujet.

— Ce n'est pas bien sûr, répondit M. Tacaud. Nous disions donc, continua-t-il, que l'on a parlé de quantités de chaleur

LAMARCK (1744-1829).
Naturaliste français, né à Bazentin (Somme).
Fac-similé d'une gravure de Tardieu.

CETTE APPARENCE DE « STABILITÉ » DES CHOSES DANS LA NATURE SERA TOUJOURS PRISE PAR LE VULGAIRE DES HOMMES POUR LA « RÉALITÉ », PARCE QU'EN GÉNÉRAL ON NE JUGE DE TOUT QUE RELATIVEMENT A SOI.
(*Philosophie zoologique*, p. 70.)

comme de quantités d'eau qu'on met dans des vases vides ; on a grossièrement comparé la température à la hauteur de l'eau dans un vase cylindrique ; la quantité d'eau augmente proportionnellement à la hauteur de l'eau ; de même la quantité de chaleur proportionnellement à la température de la chaleur. Quand on transporte de l'eau d'un vase dans l'autre, la quantité totale d'eau ne change pas ; on a voulu de même que, lorsque des corps échangent de la chaleur dans une enceinte fermée, la quantité totale de chaleur ne change pas ; pour cela, l'expérience a montré que chaque corps doit être comparé à un vase différent ; un kilogramme d'eau, par exemple, sera représenté par un vase très large, tandis qu'un kilogramme d'or correspondra à un vase plus étroit. On a accolé à chaque corps un coefficient mesuré par expérience et que l'on a appelé sa capacité calorifique. La quantité de chaleur cédée par un corps dont la température baisse de 10 degrés est égale à sa capacité calorifique multipliée par 10. Ces définitions étant établies, on a pu énoncer la loi de la conservation de la chaleur, comme Lavoisier avait énoncé la loi de la conservation de la matière, et on l'a fait sans s'apercevoir que l'on avait admis cette loi implicitement pour définir les quantités de chaleur, les capacités calorifiques. La loi de la conservation de la chaleur dans une enceinte fermée n'est que la définition même des quantités de chaleur, de même que le principe de l'inertie est la définition de la force. Ces définitions retournées ne peuvent être prises pour des lois que par ceux qui croient savoir *a priori* ce que c'est qu'une force, ce que c'est que de la chaleur ; dès qu'il s'agit de mesurer ces quantités, on s'aperçoit qu'il faut une convention, et cette convention correspond précisément au principe de l'inertie et à la loi de la conservation de la chaleur. C'est grâce à ces conventions auxquelles l'homme a été conduit par un sentiment obscur des choses que la plus grande des découvertes modernes a été réalisée.

— Vous allez revenir à l'équivalence mécanique de la chaleur, dit M. Gaudet.

— Précisément, dit Fabrice. Vous voyez bien d'ailleurs qu'il y avait encore quelque chose d'empirique, de conventionnel dans la calorimétrie, puisque les températures étaient mesurées par des nombres comptés sur une échelle conventionnelle, au moyen d'un thermomètre choisi arbitrairement. La science de la chaleur, c'est-à-dire l'étude des dilatations et la calorimétrie, formait un ensemble à part, un *canton* isolé de la science; mais l'on sentait déjà que l'on avait fait un grand pas en définissant, dans ce canton, une quantité à laquelle l'arithmétique était réellement applicable; on concevait ce qu'est une quantité de chaleur double d'une autre, ce qu'est une *addition* de deux quantités de chaleur. Seulement, le principe de la conservation de la chaleur semblait recevoir un accroc du fait que, dans certaines expériences, on voyait apparaître de la chaleur sans qu'aucun corps en eût fourni. Quand deux corps froids se heurtent, ils s'échauffent. Des hommes de génie comprirent que lorsque de la chaleur apparaît ainsi, il disparaît dans le milieu quelque chose qui n'est pas de la chaleur, mais qui peut se transformer en chaleur. Dans certains cas très simples, ce qui disparaît est du domaine de la mécanique; or, en mécanique, il y a des quantités de diverses natures; on ne mesure jamais que des espaces et des temps, mais cela permet de définir diverses quantités liées aux nombres ainsi mesurés; on appelle *vitesse* l'espace parcouru par unité de temps, *accélération* la variation de vitesse à un moment donné, *force* le produit de la masse par l'accélération, etc. Aucune de ces quantités ne se prêtait à une comparaison facile avec les quantités de chaleur. Au contraire, cette comparaison devenait immédiate si l'on envisageait une nouvelle quantité appelée *travail mécanique*, et qui est obtenue en multipliant la force précédemment définie par le chemin parcouru dans sa direction. Le *travail mécanique* jouissait d'ailleurs d'une propriété spéciale et qui devait attirer l'attention sur elle : c'est que dans un ensemble isolé de corps, où il ne se produit que des phénomènes mécaniques, la quantité de travail ne change pas. Il y a conservation de la quantité de travail comme il y a conservation de la quantité de matière et conservation de la quantité de chaleur. Eh bien, l'on constate que, si du travail disparaît dans un ensemble de corps, il est remplacé par une quantité correspondante de chaleur. Et quoique les quantités de chaleur fussent mesurées arbitrairement, on remarqua qu'il y avait proportionnalité approximative entre les quantités correspondantes de chaleur et de travail. Cette proportionnalité était particulièrement rigoureuse si l'on mesurait les températures au moyen du thermomètre à gaz. Mais il devenait désormais possible de définir la température autrement que par la dilatation des corps (1), indirectement il est vrai et avec une convention numérique, par le principe de l'équivalence ; il y avait un pont entre le canton chaleur et le canton mécanique ; c'est là l'événement le plus important de l'histoire des sciences physiques ; mais vous voyez combien est loin désormais la notion de température que nous fournissait directement notre sens thermique ! Elle est entièrement oubliée en physique ; elle a servi seulement à éveiller nos idées, à attirer notre attention sur un ensemble de phénomènes.

— La chaleur a donc aujourd'hui une place privilégiée près de la mécanique, dit M. Escudier.

---

(1) M. Tacaud exprime ici en termes un peu trop concis une vérité essentielle. Tant que l'on employait un thermomètre, si parfait qu'il fût, le principe de l'équivalence restait une loi approximative, découverte expérimentalement. Mais cette loi se trouva être tellement utile que l'on arriva à la considérer comme le meilleur point de départ pour la définition de la température. On définit donc désormais la température par l'équivalence mécanique de la chaleur avec du travail entièrement mesurable, et alors le principe d'équivalence n'est plus une vérité expérimentale ; c'est la définition de la température comme le principe de l'inertie est la définition de la force.

— Pas du tout, répondit M. Tacaud ; d'autres sciences qui avaient été d'abord des cantons isolés, avec un langage spécial et des moyens de mesure spéciaux, ont pu également être rattachées à la mécanique par un pont analogue au précédent, par un principe d'équivalence. Il semble au contraire que la chaleur présente quelque infériorité à un certain point de vue ; deux quantités de chaleur numériquement égales ne sont pas toujours susceptibles d'être aussi facilement transformées en travail mécanique dans des conditions données ; 25 calories à 100° sont plus facilement utilisables pour l'homme que 25 calories à 0° ; on ne peut, sans dépense, transporter de la chaleur d'un corps froid à un corps chaud ; avec des boules de neige on ne peut pas chauffer un four. C'est ce qu'a compris Sadi Carnot (1). Mais il n'est pas exact non plus de dire que deux masses d'un kilogramme de cuivre sont équivalentes, si l'une est posée sur votre tête et l'autre à cent mètres plus haut ; elles s'équivalent au point de vue de la loi de Lavoisier, mais si vous les lâchez toutes les deux, la première ne vous fera pas de mal, la dernière vous tuera. Laissons là cette complication qui nous gêne dans nos considérations très générales, et qui a permis cependant de définir les températures absolues.

— Mon attention commence à se fatiguer, dit le président ; voilà quelque temps que je vous suis avec peine.

— Nous avons parcouru toute la route, répondit Fabrice ; j'ai dû prendre l'exemple de la chaleur avec des détails assez précis et assez fastidieux, mais cela était indispensable ; maintenant nous recueillerons sans peine le fruit de notre effort ; nous pourrons tracer les grandes lignes de la méthode généralisatrice qui conduit à l'unité de la science.

— Les faits dont vous nous avez parlé, dit le professeur du collège, sont couramment enseignés dans les classes élé-

---

(1) V. Le Dantec, *De l'homme à la science* (Paris, Flammarion, 1907).

mentaires ; j'ai néanmoins eu beaucoup de plaisir à écouter votre exposé ; il m'a fait saisir un enchaînement que je n'avais pas clairement compris.

— Voilà donc la marche générale de la connaissance humaine, dit Fabrice. On se trouve en présence d'un phénomène nouveau que l'on connaît par un de ses sens particuliers ou de telle autre manière que vous voudrez. On cherche d'abord par quel côté ce phénomène se prête à des mesures réellement exactes. Un phénomène peut avoir plusieurs côtés mesurables ; s'il s'agit, par exemple, d'une réaction chimique, Lavoisier a trouvé que l'on pouvait mesurer rigoureusement les masses des corps en présence, et que la balance témoignait ensuite de la conservation de la matière ; Berthelot a eu idée de mesurer au calorimètre les quantités de chaleur dégagées par les réactions ; il a créé la thermochimie. Voilà deux manières d'attaquer l'étude de la chimie avec une égale rigueur ; elles sont toutes deux fécondes ; on a pu envisager le problème à un autre point de vue également mesurable, le point de vue électrique, une fois que la science *cantonale* de l'électricité a eu son système de mesures bien organisé. Il se crée ainsi des sciences partielles ayant un caractère fermé, empirique et provisoire, ce qui ne les empêche pas d'être fécondes quant à leur objet spécial. Quelques-unes d'entre elles conservent indéfiniment ce caractère fermé ; telle est, par exemple, la science appelée anthropométrie ; cette science a ses moyens propres, son but particulier, mais il est vraisemblable que son histoire est finie, et que l'on n'établira pas de relation numérique entre la longueur du nez de Cléopâtre, sa température buccale et sa structure moléculaire ; non que ces relations n'existent pas, mais je doute qu'on les découvre jamais.

— Ainsi, si je comprends bien, dit M. Escudier, la science se compose, au début, d'un nombre plus ou moins grand de sciences partielles, qui sont cantonnées dans des moyens de mesure propres, et qui n'ont de valeur que dans un certain ressort. Ces sciences n'ont de commun les unes avec les autres que la précision de leurs mesures et de leur langage ; elles s'ignorent réciproquement.

— Et tous les appareils dont le nom se termine en *mètre*, dit M. Gaudet, comme alcoomètre, baromètre, hygromètre, sonomètre, etc., définissent, provisoirement au moins, une science partielle.

— C'est tout à fait cela, répondit M. Tacaud. Et chacune de ces sciences partielles est d'autant plus avancée que l'instrument correspondant est plus précis et plus facile à manier ; il faut que les méthodes de mesure rendent aussi impersonnels que possible les résultats des mesures.

— Un marchand de vin des environs, dit le président du tribunal, soutenait l'autre jour devant moi que, si dans les boissons dites « spiritueux » il y a de l'alcool, dans les vins, cidres et bières il y a au contraire « du degré » ; les feuilles imprimées qu'il doit remplir pour la régie portent en effet la mention alcool quand il s'agit des premières et « degré » quand il s'agit des secondes ; il n'est pas besoin d'être un grand clerc pour se servir d'un alcoomètre ; le moindre gabelou y arrive sans peine ; l'alcoomètre est donc un bon instrument.

— L'alcoomètre, dit M. Tacaud, est encore meilleur que vous ne le pensez, car la mesure qu'il donne n'est pas empirique et se traduit immédiatement dans la proportion d'alcool contenue en 100 parties du « spiritueux » considéré. Combien d'appareils de mesure ont au contraire été arbitrairement gradués, parce qu'ils ne pouvaient l'être autrement, et offrent néanmoins des commodités extraordinaires. Le premier pas d'une science est donc le choix d'une bonne méthode de mesure facile et précise ; beaucoup de sciences en sont restées là. Mais quel bonheur aussi quand une science fermée s'est trouvée brusquement capable de renseigner sur un objet autre que celui auquel elle était primitivement destinée; quand l'expérience de Pascal, par exemple, a permis de songer à employer le baromètre pour mesurer la hauteur des montagnes ! C'est dans la découverte d'un pont quelconque entre deux cantons scientifiques différents qu'ont résidé les plus grandes joies des savants. Et ces ponts se multiplient chaque jour et nous rapprochent de l'idéal rêvé qu'on n'atteindra jamais, l'unité de la science.

Un éclair brilla au dehors, illuminant tout le pays; M. Gaudet tira brusquement sa montre et compta attentivement jusqu'à ce qu'enfin le coup de tonnerre éclatât dans le silence.

— Sept secondes et demie environ, dit le professeur; l'orage n'est pas tout à fait à 3 kilomètres de nous.

— Nous n'avons rien à craindre, ajouta le président; il n'y a pas d'exemple que la foudre soit tombée sur ce quartier de la ville; les orages sont toujours aspirés par la vallée, et nous sommes protégés par cette circonstance curieuse.

— Voilà deux cantons scientifiques différents, dit M. Tacaud, et vous venez de les exploiter l'un et l'autre sans y penser, comme M. Jourdain faisait de la prose. D'abord, une particularité météorologique locale et connue des habitants de X... par une longue expérience; cette particularité, M. Escudier l'a exprimée dans le langage vulgaire sans faire allusion à des mesures précises, mais au fond il y a des mesures là comme ailleurs, seulement on les fait sans s'en douter au moyen d'un instrument de mesure bien spécial qui n'est autre que le pays lui-même; dire que l'orage est aspiré par la vallée, cela indique une marche bien déterminée et que l'on pourrait tracer sur une carte comme on trace les courants marins ; la géographie est un aspect de la géométrie.

— Mais, dit M. Escudier, les courants aériens n'ont pas la constance des courants marins; le vent souffle dans toutes les directions.

— Aussi fait-on, répondit Fabrice, de la météorologie au moyen d'appareils enregistreurs, et l'on est bien content quand les résultats de cette science spéciale se traduisent par un résultat exprimable géographiquement comme cela a lieu pour les alizés et les moussons. Nous parlerons bientôt d'ailleurs des sciences dans lesquelles la mesure proprement dite est remplacée par quelque chose de moins précis.

— Ces sciences n'ont plus donc aucun caractère de la science, dit le président.

— Elles s'éloignent en effet de l'idéal scientifique bien plus que les sciences à éléments mesurables, mais elles ont encore des caractères qui en font des sciences; nous verrons qu'il y a des *cantons* de plus en plus éloignés, de moins en moins privilégiés, et qui arrivent dans certains cas à donner la main à l'art; il n'y a pas de délimitation absolue de la science.

Un second éclair brilla, suivi bientôt d'un coup de tonnerre plus fort que le premier.

— L'orage se rapproche, dit M. Gaudet.

— Cet orage, dit M. Tacaud, arrive fort à propos pour nous faire penser à l'un des cantons les plus curieux de la science, le canton acoustique. L'étincelle qui part entre deux nuages chargés donne naissance à deux phénomènes différents et simultanés : un phénomène optique qui se transmet jusqu'à nos yeux avec la vitesse presque infinie de la lumière, et un phénomène sonore qui se propage jusqu'à notre oreille avec une rapidité plus modeste. Nous avons donc deux manières distinctes de connaître la même explosion à laquelle nous donnons d'ailleurs deux noms distincts: nous l'appelons éclair quand la connaissance nous en vient par nos yeux, et tonnerre quand la connaissance nous en vient par notre oreille. L'intervalle de temps qui sépare les deux perceptions a permis à M. Gaudet de nous indiquer la distance de l'orage. Il y a donc des phénomènes, les ébranlements sonores, que nous pouvons étudier par l'œil ou par l'oreille, indifféremment. Beaucoup d'entre eux ont sur notre vue une action directe insignifiante ; aussi les a-t-on étudiés d'abord au moyen de l'oreille ; et comme notre oreille est un excellent organe, doué de précision, on a pu baser sur des considérations purement auditives une langue scientifique excellente, la langue musicale, la musique.

— Vous allez, j'en suis sûr, dit le professeur, résoudre pour moi une difficulté que je n'ai pas pu vaincre au moyen de mon traité de physique ; je n'ai jamais pu dire à mes élèves la différence qu'il y a entre la musique et ce que les physiciens appellent « acoustique », et cependant je sens bien de quelle nature est cette différence. Il est très désagréable de sentir une chose sans pouvoir l'exprimer.

— La musique, dit Fabrice, est l'étude des sons faite par le secours de l'oreille seule ; un aveugle peut faire de la musique ; l'acoustique est, au contraire, l'étude des sons faite par le secours des yeux, au moyen d'appareils enregistrant les vibrations ; un sourd peut faire de l'acoustique. Dans l'acoustique il est question du nombre des vibrations ou de leur forme ; cette science se sert de l'arithmétique et de la géométrie. Au contraire, en musique, il est question d'éléments appréciés par l'oreille et auxquels l'arithmétique n'est pas applicable ; aussi les hommes ont-ils créé pour cette science cantonale une langue spéciale, la langue musicale, dans laquelle il est question d'accords et d'intervalles, et non d'additions et de multiplications ; un *do* n'est pas le double d'un *ré* ou la moitié d'un *si*. C'est là le seul exemple d'une langue précise *essentiellement* distincte de la langue mathématique. En acoustique, au contraire, il est question de nombres de vibrations ; les accords et les intervalles deviennent des rapports arithmétiques ; une note à l'octave d'une autre correspond à un nombre double de vibrations. Ainsi, la seule langue précise qui fût en dehors des mathématiques, les hommes sont arrivés à la traduire en langue mathématique ; les deux langues subsistent d'ailleurs et bien des gens connaissent l'une sans même soupçonner l'existence de l'autre.

— Ces deux langues sont-elles également scientifiques? demanda M. Escudier.

— La musique l'est évidemment moins, répondit M. Tacaud ; d'abord parce qu'elle reste à part et n'emploie pas les mêmes termes que les autres sciences, basées sur des éléments mesurables optiquement, ce qui la met en dehors de l'unité de la science; ensuite et surtout parce que ses mesures, basées sur des appréciations, sont plus personnelles, moins rigoureuses; moi, par exemple, je suis mal doué au point de vue de la sensibilité musicale, quoique ayant l'oreille très bonne et entendant de très loin; je constaterai avec bien plus de certitude, au moyen d'un appareil enregistreur, que deux sons sont à l'unisson; je vois quelquefois frémir des gens bien doués à l'audition de cacophonies qui me laissent parfaitement calme. C'est là encore un côté par lequel la musique est un art et non une science ; la musique se préoccupe de l'agrément ou du désagrément causé par les ébranlements sonores; la science est insensible et ne connaît ni le plaisir ni la douleur.

— L'acoustique est donc la science du son comme la musique en est l'art, dit le professeur.

— Si vous voulez, répondit Fabrice; la musique est à l'acoustique ce que l'esthétique des couleurs est à l'optique physique, ce que la cuisine est à la chimie. Lorsque nous appliquons à l'étude d'un phénomène un sens autre que celui par lequel ce phénomène nous est directement connu, nous nous débarrassons évidemment de toute considération relative au plaisir ou à la souffrance; l'œil ne connaît pas les dissonances ; le chimiste ignore les susceptibilités de notre palais, et M. Berthelot eût été peut-être un exécrable cuisinier.

— Ainsi, dit M. Escudier, l'étude du son est donc rentrée aujourd'hui dans le grand cadre de la science à laquelle s'applique la langue mathématique, de la science proprement dite de Kant, comme vous le disiez tantôt. Mais ces coups de tonnerre nous ont éloignés du sujet dont vous nous entreteniez et qui consistait dans l'étude des ponts jetés entre les sciences partielles ou cantonales.

— Les méthodes acoustiques ont jeté un pont entre la musique et la partie mathématique de la science ; cette digression ne nous a donc pas éloignés de notre sujet ; de même l'expérience de Pascal a jeté un pont entre la barométrie et la mesure des altitudes ; mais ce sont là de misérables ponts et qui unissent péniblement les uns aux autres des cantons d'importance secondaire, tandis que notre étude de la chaleur nous avait conduits à la considération de quantités dont la définition menace de souder en un faisceau unique toutes les connaissances humaines ; c'est là une œuvre prodigieuse et auprès de laquelle les petites questions que nous venons de traiter pâlissent étrangement.

— Envisagés à leur point de vue spécial, continua M. Tacaud, les divers cantons de la science ont leurs procédés de mesure propres ; pourvu que les mesures soient faites au moyen d'appareils dont il suffit de lire la graduation, il y a là quelque chose d'impersonnel, et qui donne au canton considéré le baptême scientifique ; ces mesures sont d'ailleurs d'un bon usage pour le domaine restreint qu'elles explorent ; telles sont, par exemple, les mesures thermométriques, barométriques, hygrométriques. Ces mesures sont généralement choisies par l'homme d'après l'impression qu'il reçoit lui-même des phénomènes à étudier ; elles sont

DARWIN (1809-1882).
Naturaliste anglais, né à Shrewsbury.

Fac-similé du médaillon de A. Legros.
Musée du Luxembourg, à Paris.

à sa taille et à son usage, et, dans bien des cas, elles nous renseignent fort peu sur les rapports qui existent entre le canton considéré et un autre canton de l'activité extérieure, puisque c'est précisément la nature de l'homme qui crée cette division en cantons au moyen d'organes des sens dont les impressions ne semblent pas réductibles les unes aux autres. Ainsi entre la notion de température et celle de vitesse il n'y a pas de rapport très facile à établir, quoique nous connaissions directement les vitesses par nos yeux et les températures par notre sens thermique. Mais nous sommes arrivés à définir des quantités nouvelles liées mathématiquement aux températures d'une part, aux vitesses d'autre part. Dans le canton thermique, c'est la quantité de chaleur; dans le canton mécanique, c'est le travail des forces, et nous avons constaté une équivalence entre ces deux quantités. Quand de la chaleur disparaît, il se fait du travail; quand du travail disparaît, il se crée de la chaleur. Nous sommes ainsi amenés à baptiser, sans la connaître directement, une quantité qui peut se représenter par un nombre dans un système donné, et qui peut se manifester à nous soit sous forme de chaleur, soit sous forme de mouvement; on l'appelle l'*énergie*. Nous disons, par exemple, que, dans tel système où peuvent se passer des phénomènes thermiques ou mécaniques, il y a telle quantité d'*énergie* susceptible de se manifester à nous sous forme de travail ou sous forme de chaleur. Et le principe d'équivalence nous montre que cette quantité est constante; il y a *conservation de l'énergie*.

— N'allez pas trop vite, dit M. Escudier; toutes ces définitions mathématiques me sont peu familières et je commence à m'embrouiller précisément à l'endroit qui m'intéresse le plus; j'entends parler sans cesse de ce principe de la conservation de l'énergie, principe que j'ignorais avant la découverte du radium; mais il paraît que la découverte de M. Curie a mis ce principe en péril et tous les journaux s'en sont préoccupés ; ils ont dénoncé le danger sans d'ailleurs expliquer ce que c'était que la conservation de l'énergie, probablement parce que leurs rédacteurs ne le savaient pas.

— Si l'énergie avait été directement sensible à l'homme, directement mesurable comme la matière, par la balance, il aurait été facile de faire comprendre aux gens ce qu'il faut entendre par ce mot ; bien plus, on se serait vite imaginé que l'on sait ce que c'est que l'énergie, comme on s'imagine savoir ce que c'est que la matière, parce qu'on en mesure la masse ; et d'après ce que je lis, je vois bien d'ailleurs que beaucoup de savants, n'ayant pas suffisamment dépouillé le vieil homme, le métaphysicien ancestral, discutent la nature de l'énergie ; ils doivent en voir en rêve !

Prenez un morceau de sucre et écrasez-le ; vous savez que tout le sucre du morceau se trouve dans la poudre de sucre ; vous constatez directement par la balance la conservation de la matière, parce que la balance mesure aussi bien la masse des petits morceaux que celle des gros. Encore y a-t-il une limite à l'emploi de la balance ; je suppose que vous ayez affaire à une substance capable d'émettre dans l'atmosphère des particules très petites et odorantes, vous pourriez constater une diminution de masse, et, si vous raisonniez trop vite, vous diriez que de la masse s'est transformée en *odeur*. A partir d'un certain degré de ténuité, la masse ne serait plus mesurable à la balance, mais à l'odorat. Par des procédés que l'on peut imaginer, vous arriveriez à établir une équivalence entre la masse disparue et l'odeur produite, et vous énonceriez le principe de la conservation de la matière à travers ces deux formes sensibles, masse et odeur. Lorsque, ensuite, on vous montrerait que du musc peut empester un appartement sans subir de perte de poids mesurable, vous crieriez au miracle comme on l'a fait pour le radium, et vous dénonceriez le principe de la conservation de la matière. Je me suis contenté de supposer ici, ce qui est d'ailleurs exact, que l'homme connaît directement de deux manières, par la balance et l'odorat, la matière à divers états de ténuité. Je vais maintenant imaginer un modèle qui vous fera comprendre le phénomène parallèle dans la question de l'énergie. Nous partons naturellement du mouvement, qui est la seule manifestation de l'énergie que nous puissions nous imaginer visuellement. Je suppose donc que nous observions un pendule qui oscille; son étude sera du ressort de la mécanique; nous ferons tous nos calculs à son sujet en partant de mesures de temps et de longueurs; que le pendule devienne de plus en plus petit et oscille de plus en plus vite, notre étude mécanique directe deviendra de plus en plus difficile si nous n'employons pas d'instruments enregistreurs; mais à un certain degré de petitesse un nouveau phénomène apparaîtra, nous entendrons un *son* que nous évaluerons avec notre oreille, comme nous avons tout à l'heure apprécié avec le nez l'existence de particules matérielles qui n'étaient plus sensibles à la balance. Continuons notre modèle, quoique ce ne soit guère justifié, mais uniquement pour faire comprendre; les oscillations devenant de plus en plus rapides, nous entendrons un son de plus en plus aigu, puis nous n'entendrons plus rien et, à partir d'un certain degré de petitesse et de rapidité, nous verrons naître un nouveau phénomène, nous sentirons une impression de température, et ainsi de suite.

Donc, même en supposant qu'il n'y ait dans la nature qu'une seule sorte de mouvements, les mouvements pendulaires ou oscillatoires, l'homme, à cause de la place qu'il occupe dans l'échelle des dimensions, connaîtrait différemment ces mouvements semblables, suivant leurs dimensions par rapport à lui. Les oscillations qui sont du même ordre de grandeur que lui, il les appellerait mouvements, et leur étude serait du ressort de la mécanique; celles qui sont plus petites, il les appellerait *son* entre telles et telles limites, puis chaleur, et ainsi de suite. Et si des mouvements d'une certaine dimension ne pouvaient s'arrêter sans mettre en branle une quantité équivalente de mouvements de dimension différente, il dirait que du travail mécanique se transforme en son ou en chaleur. Or ce qu'il connaît directement par ses organes des sens, ce n'est pas le quelque chose qui reste constant dans ces transformations, l'énergie, mais bien certains aspects mesurables de ce quelque chose : la vitesse, la hauteur ou l'intensité, la température. Pour retrouver l'énergie sous ces divers aspects, il faudra donc qu'il fasse des études spéciales à chaque canton; en mécanique, ce sera le travail des forces qui mesurera la variation de l'énergie; dans les autres cantons, ce seront des quantités calculées d'après les éléments mesurables propres à ce canton, de manière à pouvoir être trouvées équivalentes à du travail mécanique; l'énergie se calculera donc, dans chaque aspect humain du monde, par un artifice mathématique. Pour le canton thermique, c'est, nous l'avons vu, la quantité de chaleur. Mais cette notion d'énergie n'est pas limitée au canton thermique; elle s'étend à l'électricité, au magnétisme, à la chimie même, où elle est mesurable depuis les travaux de Gibbs. Ceci ne doit pas vous étonner puisque vous avez vu que de l'électricité peut se transformer en mouvement; un courant électrique fait marcher un tramway; une chute d'eau actionnant une machine Gramme produit un courant électrique. Pour la chimie, vous savez que Berthelot a attiré notre attention sur les quantités de chaleur dégagées par les réactions chimiques. Un morceau de charbon qui brûle, c'est une réaction chimique, et cela produit de la chaleur dont nous nous chauffons; nous avons besoin pour vivre de trouver autour de nous de l'énergie sous diverses formes : sous forme chimique pour nous alimenter et respirer, sous forme de chaleur pour nous chauffer, etc. Une usine à électricité dans un pays sans chute d'eau nous fournit un modèle complet des transformations de l'énergie. Le charbon brûle dans la machine (énergie chimique) et produit de la chaleur (énergie calorifique) qui fait mouvoir une machine à vapeur (énergie mécanique) laquelle actionne une machine Gramme (énergie électromagnétique) dont le courant peut être employé ensuite soit pour actionner un tramway, soit pour produire de la chaleur ou de la lumière, soit pour fabriquer des produits chimiques (électrolyse et électrosynthèse). C'est là le résumé actuel de l'industrie humaine ; ce protée que l'on appelle énergie, c'est une quantité mathématique constante que nous savons reconnaître sous divers aspects et dont nous mesurons, dans chaque cas, les éléments mesurables à l'homme : vitesse, température, etc. Nous ne savons pas ce que c'est, mais nous en parlons rigoureusement en langage mathématique. De même nous ne savons pas ce que c'est que la matière, mais nous savons vérifier la conservation de la masse sous les divers aspects que prend la matière au cours de ses transformations incessantes, solide, liquide, gaz, réactions chimiques. L'activité du monde se réduit donc pour nous à deux séries parallèles de phénomènes : les transformations de matière et les transformations d'énergie ; à chaque instant nous saisissons l'*aspect humain* de cette matière et de cette énergie ; les aspects humains de la matière, nous les appelons des corps; les aspects humains de l'énergie, nous les appelons phénomènes mécaniques, physiques ou chimiques. Et sous tous ces aspects humains, si variés et si variables, nous savons retrouver deux nombres qui restent constants pour un système isolé du reste du monde, la masse et l'énergie.

La découverte de ces deux quantités mathématiquement définies est la plus grande conquête de l'homme; il ne connaissait par ses sens, par ses moyens de connaître, que des aspects variables du monde, que des phénomènes constatés *au point de vue humain;* sa science restait humaine, quoique impersonnelle ; maintenant elle n'est plus seulement impersonnelle, elle est, si j'ose dire, extra-humaine, par la considération de la constance de ces quantités, la masse et l'énergie. Si d'autres êtres que nous avaient, dans notre monde, d'autres sens que nous, si leurs sens leur permettaient de faire de l'arithmétique, ils découvriraient, sous les aspects du monde spéciaux à leur espèce et différents des aspects humains, les mêmes quantités constantes, la masse et l'énergie. L'homme est, pour ainsi dire, sorti de sa nature d'homme en faisant ces découvertes; les Lavoisier, les Carnot, les Mayer, les Berthelot, les Gibbs, sont des demi-dieux.

— Je comprends votre enthousiasme, dit M. Escudier, et je vois que l'on avait raison de craindre que la découverte du radium fit crouler un échafaudage dont la construction est si honorable pour l'humanité.

— On a cru en effet un instant, reprit M. Tacaud, que le radium fournissait éternellement de la chaleur sans rien dépenser; alors il n'y avait plus d'équivalence, puisque de l'énergie calorifique apparaissait sans qu'aucune autre énergie disparût; mais on s'est aperçu que le radium se détruit lentement, et son cas est simplement celui d'une réaction chimique ayant un coefficient extrêmement élevé de production de chaleur. La loi de la conservation de la masse est elle-même menacée depuis quelque temps; il paraîtrait que cette loi n'est vraie que pour des vitesses qui ne dépassent pas une certaine limite, et qu'elle cesse franchement de l'être quand on s'approche de la vitesse de la lumière; elle n'en reste pas moins d'un excellent usage pour l'homme qui l'a tirée de l'observation des phénomènes à sa taille. Peut-être, d'ailleurs, y a-t-il là un acheminement vers une découverte plus belle encore; toutes les fois que les principes des sciences sont ou paraissent ébranlés, il en sort quelque chose de bon.

— Vous avez une confiance inébranlable dans le progrès, dit M. Gaudet.

— Ce qui s'est fait depuis cent ans nous donne le droit

d'avoir confiance, répondit Fabrice. L'homme du xx° siècle peut être fier d'être un homme. Et je pense que vous comprenez maintenant ce qu'on entend par l'unité de la science; la science est finie quand on a trouvé sous tous les aspects de la nature des quantités susceptibles de s'ajouter les unes aux autres, de se transformer les unes dans les autres, des quantités sur lesquelles on peut faire de l'arithmétique. En introduisant la notion du « potentiel chimique », Gibbs, cet Américain de génie qui est mort presque inconnu, a le premier écrit une équation dans laquelle on pouvait représenter à la fois tous les phénomènes connus de l'homme, sous forme de nombres s'ajoutant arithmétiquement les uns aux autres. Mettre, dans une seule équation, de la chimie, de l'électricité, de la lumière, de la chaleur, etc., et écrire ensuite : « égale zéro, » c'est le terme de la puissance humaine (1).

— Vous me rappelez, dit M. Gaudet en riant, une boutade d'un de mes collègues qui avait des prétentions à la philosophie et méprisait les mathématiques : « Vous autres, mathématiciens, disait-il (et il me flattait singulièrement en me traitant de mathématicien), vous travaillez des journées entières sur des chiffres et des lettres, et vous êtes enchantés quand vous arrivez enfin à écrire : « égale zéro » ; mais c'est nul ça, zéro. » Je lui expliquai que c'était une habitude commode, qu'au lieu d'écrire : A égale B, on écrivait A moins B égale zéro ; mais il continua de mépriser les mathématiciens.

— Les mathématiques, dit M. Tacaud, sont la langue de la science; quiconque ignore cette langue ne peut connaître la science que dans des traductions peu fidèles ; de même on

---

(1) Si l'on réfléchit d'ailleurs à la conservation de la matière et à celle de l'énergie, c'est bien par un zéro que peut se résumer l'activité totale des hommes. L'homme, le roi du monde, a à sa disposition des provisions de matières et d'énergie; *mais il ne peut les dépenser*. Tous ses efforts, finalement, *égalent zéro !*

ne peut lire Homère sans savoir le grec. Avant de discuter l'œuvre des savants, les philosophes devraient bien apprendre leur langue. Vous voyez bien maintenant, reprit-il avec satisfaction, que la science mérite toutes les définitions que je lui ai données successivement. Il faut d'abord des mesures, car sans mesure il n'y a pas de nombre, sans nombre on n'arrive pas aux principes d'équivalence ; la science permet de prévoir rigoureusement certaines choses, ne serait-ce que la conservation de la matière et de l'énergie à travers les transformations ultérieures ; la science diminue les inégalités entre les hommes ; la science est une langue bien faite : la science est une.

— Évidemment oui, dit le président, à condition que vous restreigniez la science à l'étude de la conservation de la matière et de l'énergie, mais...

— On peut définir les choses comme on veut, interrompit Fabrice, et certes, devant un morceau aussi gros que la science de l'énergie, que l'*Énergétique*, on est fondé à créer une appellation spéciale. Ce sera, si vous voulez, la science proprement dite, la science faite. Elle n'est pas seulement impersonnelle, mais, comme je vous le disais tout à l'heure, elle est pour ainsi dire extra-humaine, puisqu'elle arrive, par des moyens humains, à la considération de quantités invariables auxquelles nous devinons qu'on pourrait arriver par d'autres moyens non humains, puisqu'on y est déjà parvenu en s'appuyant sur des aspects aussi divers que la chaleur, l'électricité, la chimie. Dans n'importe quel phénomène susceptible de mesure, on peut espérer trouver des vérifications plus ou moins faciles du principe de la conservation de l'énergie ; il est vrai que cela ne suffit pas à l'objet de toutes les sciences partielles ; l'homme doit donc conserver, autour de l'édifice colossal qu'est l'énergétique, de petites sciences cantonales qui ont leurs moyens propres, leur utilité, leur but particuliers. On donnera le nom de science à un ensemble de connaissances qui présentera un nombre plus ou moins grand des caractères auxquels on reconnaît la science proprement dite ; il y aura ainsi, en s'éloignant du modèle central, une série de sciences partielles qui seront, si j'ose m'exprimer ainsi, de moins en moins scientifiques à mesure qu'elles s'éloigneront de plus en plus de l'idéal primitif. Et il n'y aura pas de raison pour s'arrêter dans cette suite de dégradations ; je ne pourrais pas vous démontrer que la critique littéraire n'est pas une science, et pourtant elle n'est ni impersonnelle, ni précise, ni même féconde.

— A la bonne heure, dit M. Escudier ; nous allons nous entendre. Je m'étonnais, je vous l'avoue, de vous voir mettre immédiatement en dehors de la grande famille scientifique celle des sciences à laquelle vous avez précisément consacré votre activité, la biologie, dans laquelle il n'y a ni mesures, ni précision, ni prévision de l'avenir, et qui néanmoins me paraît être une science et une science fort utile.

— La biologie, répondit M. Tacaud, est une science toute jeune et qui cherche encore sa voie, mais qui ne désespère pas de se souder un jour au grand faisceau des sciences proprement dites. Elle est à la période préparatoire, à la période intuitive, à l'état où était la chimie avant Lavoisier, et cependant, par certains côtés, elle a déjà conquis son droit de cité dans la science, du moins en ce qui concerne sa langue, car Lamarck et Darwin l'ont dotée d'un langage parfait qui lui est entièrement adéquat tant qu'il ne s'agit que de phénomènes d'ensemble. Et quant aux mesures, on les pressent déjà, si on ne les effectue pas encore ; elles se feront par les diverses méthodes de la physique et de la chimie, mais il ne faut pas prétendre effectuer ces mesures trop directement, de même qu'en physique on n'aurait pas réussi à mesurer directement l'énergie ; on étudie d'abord l'action d'un être vivant sur un autre être vivant, sur le milieu, sur telle ou telle substance : Pasteur a ouvert la voie ; on avance avec précaution et délicatesse vers le moment où l'on saura ce qu'il faut mesurer pour que les mesures soient fécondes ; il

PASTEUR (1822-1895).
Chimiste français,
né à Arbois (Jura).

Fac-similé d'une plaquette de Roty.
Musée du Luxembourg, à Paris.

est certain, par exemple, que celles de M. Bertillon, qui sont cependant des mesures biologiques, ne sont pas fécondes et n'ont aucune chance de le devenir jamais.

— Vous abandonnez donc votre première opinion, dit le président ; je crois que vous avez voulu « nous faire marcher », comme on dit dans l'argot, qui est devenu aujourd'hui le langage de la bonne société. Vous ne voulez plus mettre M. Bertillon auprès de Lavoisier et de Pasteur.

— M. Bertillon a eu la modestie de tirer de la science cantonale appelée anthropométrie uniquement ce qu'elle pouvait donner ; il a été moins ambitieux que Broca, qui a cru que ses mesures de crânes lui révéleraient directement l'histoire de l'homme ; mais l'anthropométrie est une chose faite et bien faite ; ce n'est pas la faute de son auteur, qui, d'ailleurs, ignorait peut-être l'énergétique, si ce petit canton doit rester isolé de la grande république scientifique. Quand Raoult a fondé la *Cryoscopie*, la science qui permet de calculer le poids moléculaire des sels d'après la température à laquelle se congèle une solution aqueuse de ces sels, on a pu croire aussi d'abord que ce serait là un canton isolé de la science ; et cependant, il n'en a rien été ; il est vrai que les raisonnements par lesquels Raoult était arrivé à sa découverte devaient suffire à faire prévoir qu'elle se rattacherait immédiatement aux autres conquêtes de la physique et de la chimie ; mais M. Bertillon, quoique ayant fait une œuvre isolée, a fait une œuvre scientifique, puisqu'il a employé des mesures précises.

— Vous avez un faible pour les mesures, dit M. Gaudet. Je vois bien au fond que, de tous les caractères de la science, c'est celui-là qui vous est le plus cher, et en effet je trouve que l'homme a décuplé sa puissance en créant les instruments de précision. Je me demande cependant comment vous ferez concorder cette opinion avec votre amour de la biologie ; mais il se fait tard et vous, campagnard, devez comprendre qu'on aime à se coucher de bonne heure ; je suis pour ma part assez

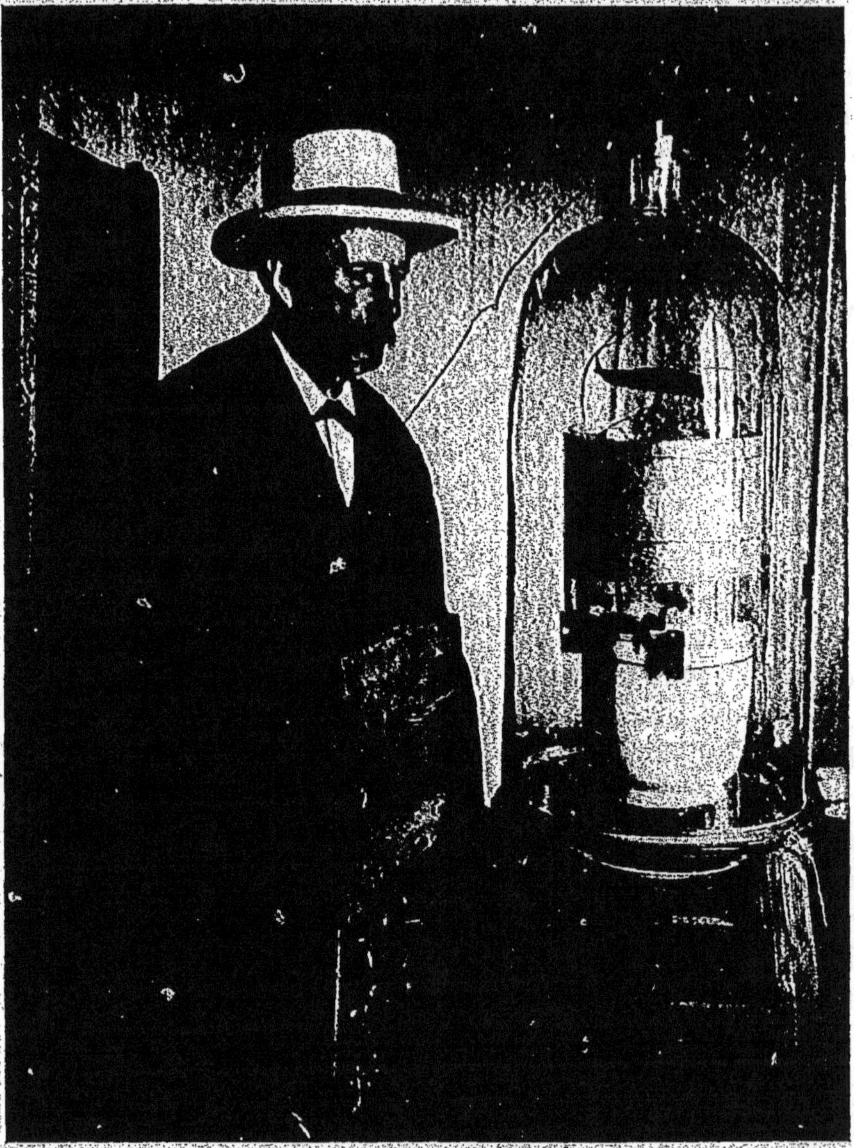

M Berthelot

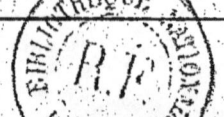

BERTHELOT (1827-1907).
Chimiste français, né à Paris.

fatigué, et je crains de ne pas dormir aisément; vous avez ébranlé certaines convictions d'ordre métaphysique sur lesquelles je me reposais depuis fort longtemps, et je ne sais pas si je ne regretterai pas un jour notre conversation d'aujourd'hui; vous me faites penser à cette parole amère d'un littérateur moderne : « Ce qu'il y a de terrible quand on cherche la vérité, c'est qu'on la trouve! »

— Je suis moins timoré que vous, dit M. Escudier; dussé-je perdre quelques nuits de sommeil, je veux secouer les préjugés qui me sont les plus chers, si on me montre que ce sont des préjugés.

— C'est que vous êtes jeune, répondit le professeur ; à mon âge on n'aime plus beaucoup à changer son fusil d'épaule ; le pli est pris.

TROISIÈME PARTIE

Méthodes et procédés de mesure.

On a cru devoir rappeler succinctement ici quelques-unes des plus célèbres et des plus curieuses méthodes de mesure, et leurs applications à la science et à l'industrie. Ces méthodes de mesure ne seront pas classées d'après la nature de l'objet à mesurer, mais d'après la manière dont les mesures sont exécutées, et d'après les principes physiques sur lesquels elles sont basées. On distinguera naturellement trois grandes catégories de mesures : les mesures directes, les mesures indirectes, et les mesures qui se font par la méthode graphique.

I. — MESURES DIRECTES

Les mesures directes sont relatives aux grandeurs additives fondamentales, longueur, masse, temps, dont les unités, choisies par un congrès international, sont le centimètre, le gramme et la seconde (système C. G. S.). Encore, pour être rigoureux, doit-on remarquer que seules les mesures de longueur et les mesures de masse sont réellement directes; les mesures de temps sont en général ramenées à des mesures de longueur, de chemin parcouru par une aiguille sur un cadran.

A. *Mesure directe des longueurs et des angles.*

La mesure directe des longueurs se fait par la juxtaposition de la longueur à mesurer et d'étalons rectilignes de longueur gradués à l'avance. Ces étalons de longueur sont des mètres ou des portions de mètre, divisés en parties égales (*fig.* 1). Quand il est nécessaire d'effectuer la mesure avec une grande exactitude, on emploie des mètres divisés en parties très petites, mais l'œil de l'homme, même muni d'une forte loupe, ne permet pas de faire des lectures dépassant une certaine limite de précision. On recule cette limite au moyen du *vernier* (*fig.* 2). Le vernier, ainsi nommé du nom de son inventeur (1631), se compose d'une petite règle graduée glissant sur la grande règle qui donne la mesure. La graduation de la petite règle est différente de celle de la grande ; dans la petite règle, par exemple, on aura divisé le centimètre en 11 parties, alors qu'il est divisé en 10 parties sur la grande règle. Si donc les zéros des deux graduations coïncident, il y aura entre le premier trait de la graduation de la grande règle et le trait correspondant du vernier une distance égale à $\left(\frac{1}{10} - \frac{1}{11}\right)$ de centimètre, c'est-à-dire à $\left(\frac{1}{110}\right)$ de centimètre ; pour les seconds traits la distance sera de $\left(\frac{2}{110}\right)$ de centimètre et ainsi de suite, le onzième trait du vernier venant coïncider exactement avec le dixième de la grande règle. Cela posé, si je déplace la petite règle par rapport à la grande, de manière que le $n^{ième}$ trait du vernier coïncide avec le trait correspondant de la grande règle, je saurai que la distance des zéros des deux graduations sera $\left(\frac{n}{110}\right)$ de centimètre ; c'est-à-dire que j'aurai mesuré avec la précision de l'ordre du $\left(\frac{1}{110}\right)$ de centimètre un déplacement que je lirai par la coïncidence de deux traits dans des graduations de l'ordre de grandeur du $\left(\frac{1}{10}\right)$ de centimètre. J'aurai donc décuplé, sans rendre la lecture plus difficile, la précision de mon appareil de mesure. On conçoit aisément l'utilisation de cet appareil pour la mesure des fractions de millimètre sur les échelles graduées. Tous les appareils de précision portent des verniers.

On donne le nom de *cathétomètre* (*fig.* 3) à un appareil de précision destiné à mesurer par des visées les longueurs verticales (hauteurs barométriques, etc.).

LES APPAREILS DE MESURE

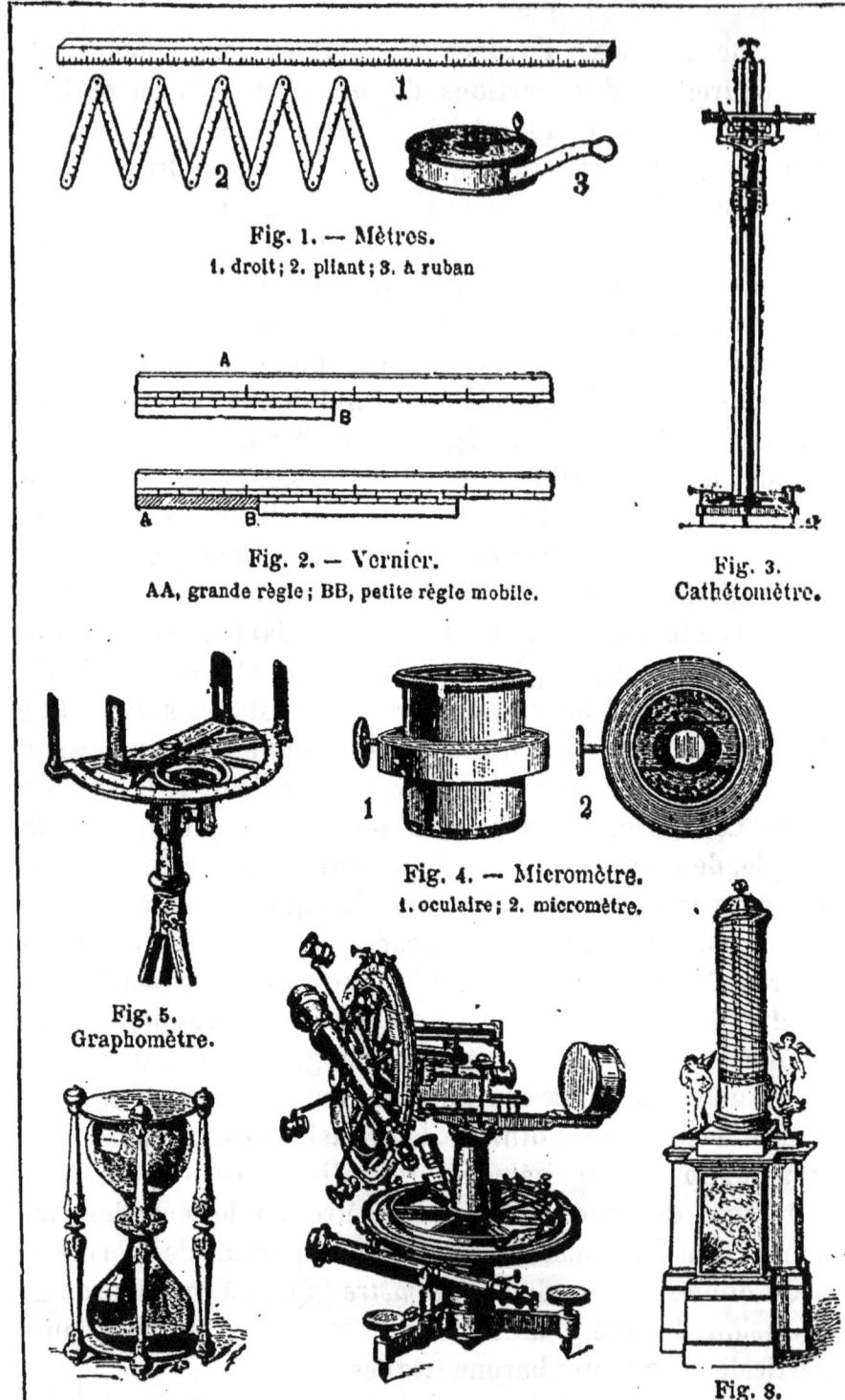

Fig. 1. — Mètres.
1. droit; 2. pliant; 3. à ruban

Fig. 2. — Vernier.
AA, grande règle; BB, petite règle mobile.

Fig. 3. Cathétomètre.

Fig. 4. — Micromètre.
1. oculaire; 2. micromètre.

Fig. 5. Graphomètre.

Fig. 6. — Sablier.

Fig. 7. — Théodolite.

Fig. 8. Clepsydre.

Pour les longueurs très petites, on emploie le *micromètre* (*fig.* 4); c'est une plaque de verre sur laquelle on a divisé en parties égales une fraction de millimètre. Cette plaque de verre est placée sous le microscope, après qu'on a placé sur la graduation même, ou à côté, l'objet à mesurer.

On peut évaluer au microscope des grandeurs de l'ordre du micron (millième de millimètre), et cela est utile pour la détermination des bactéries.

Un grand nombre d'appareils, qui servent uniquement à mesurer des longueurs, portent des noms particuliers parce qu'ils sont adaptés à un ordre de mesures spécial. Exemple : le *craniomètre*, qui sert à mesurer les diamètres craniens et qui est construit comme l'outil dont se servent les cordonniers pour mesurer la longueur des pieds.

Mesure des angles.

Les mesures d'angles, faites par un observateur qui est placé au sommet de l'angle à mesurer (1), se réalisent au moyen d'appareils appelés *graphomètres* (*fig.* 5), *théodolites* (*fig.* 3), etc., et qui sont disposés de manière à ramener la mesure de l'angle à celle de la longueur d'un arc de cercle gradué, compris entre ses côtés. Tous ces appareils portent des verniers courbes dont le jeu est le même que celui du vernier rectiligne. Le graphomètre et le théodolite sont simplement basés sur le principe de la propagation rectiligne de la lumière.

Le *sextant* (*fig.* 40) est employé surtout par les marins qui, ne pouvant avoir de sol stable à leur disposition, exploitent les propriétés des miroirs plans; ce n'est pas un instrument de mesure directe.

---

(1) Il faut bien spécifier qu'il s'agit de mesurer des angles au sommet desquels l'observateur est placé. La mesure des angles solides des cristaux est toute autre chose ; voyez *goniométrie*, page 116.

B. Mesure du temps.

Tous les appareils de mesure du temps sont basés sur la considération de mouvements que l'on peut reproduire aussi souvent que l'on veut, semblables à eux-mêmes. Le principe du déterminisme universel conduit à considérer comme égaux deux intervalles de temps successifs pendant lesquels un même phénomène s'est accompli.

La *clepsydre* (*fig.* 8), le *sablier à renversement* (*fig.* 6), mesuraient le temps par l'écoulement, dans des conditions données, d'une certaine quantité d'eau ou de sable.

L'isochronisme des oscillations d'un pendule (*fig.* 9) a fourni le principe des meilleurs appareils à mesurer le temps. Huyghens a imaginé d'employer le pendule à la régulation de la marche d'une horloge mue par un ressort ou par des poids; les aiguilles de l'horloge (*fig.* 10) notent, sur un cadran, le nombre des oscillations du pendule, traduit en unités conventionnelles (heures, minutes, secondes).

Pour les horloges transportables (montres, chronomètres), on remplace le pendule oscillant par un ressort tendu actionnant un balancier.

Pour mesurer des périodes égales de temps, pendant l'exécution de morceaux de musique, on emploie un appareil appelé *métronome*, et qui *bat la mesure* (*fig.* 11).

C. Mesure des vitesses.

Sachant mesurer des longueurs et des temps, on est outillé pour mesurer les longueurs parcourues pendant des temps donnés, c'est-à-dire les vitesses moyennes. Mais il y a des appareils spéciaux permettant, dans des cas spéciaux, des mesures de vitesses spéciales. Par exemple, l'*anémomètre* permet de connaître la vitesse du vent (*fig.* 12). Le *taximètre* (*fig.* 13), utilisé en général pour fixer le prix des courses en fiacre, peut, accompagné d'une montre, faire connaître la vitesse du véhicule, etc. De même, le *podomètre* peut servir, grossièrement, il est vrai, à faire connaître la vitesse de la marche d'un piéton.

D. *Mesure des masses.*

La mesure des masses se fait par comparaison avec des masses graduées servant d'étalon. Les masses égales étant soumises, en un même point de la terre, à des attractions égales, *pèsent* également sur un objet résistant donné. Lorsqu'une masse donnée aura produit, par son poids, un effet donné, il suffira de la remplacer par des masses graduées jusqu'à ce que le même effet soit produit; on en conclura à l'égalité de la première masse et de la somme des masses graduées employées.

Cette comparaison peut se faire au moyen d'un grand nombre d'appareils. Le plus usité est la *balance* (*fig.* 14 à 17). On mettra dans un plateau la masse à évaluer, et on lui fera équilibre en mettant dans l'autre plateau des objets quelconques (grains de plomb, limaille, etc.) jusqu'à ce que le fléau soit horizontal. Cela posé, on retirera la masse inconnue et on la remplacera par des poids gradués jusqu'à ce que le fléau redevienne horizontal. La masse des poids gradués donnera le nombre cherché. C'est là la méthode de la double pesée ou méthode de Borda. Elle peut s'exécuter avec toute balance sensible.

Si l'on a affaire à une balance très bien construite et entièrement symétrique, on peut simplifier la méthode précédente; on met alors la masse à évaluer dans l'un des plateaux et les poids marqués dans l'autre jusqu'à ce que le fléau soit horizontal. Mais cette méthode est toujours dangereuse; elle est employée dans le commerce quand il ne s'agit pas d'effectuer des pesées très exactes.

Tout corps qui se déforme régulièrement sous l'influence d'une pesée peut servir à comparer des masses. Les *dynamomètres* (*fig.* 18 et 19) sont des ressorts dont la déformation est facile à observer. Il suffit de remplacer une

LES APPAREILS DE MESURE

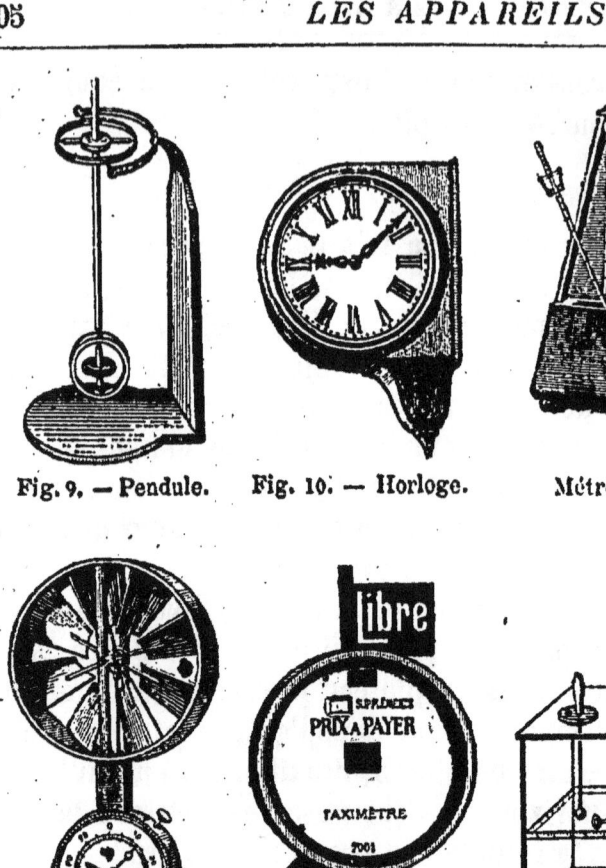

Fig. 9. — Pendule.   Fig. 10. — Horloge.   Fig. 11. Métronome Maelzel.

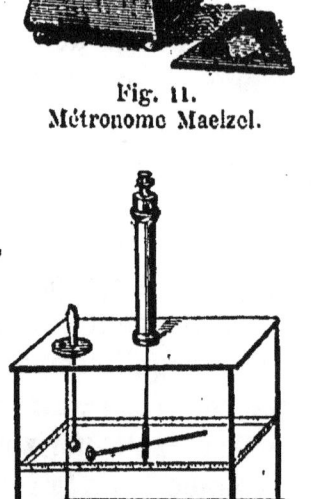

Fig. 12. — Anémomètre à cadran.   Fig. 13. — Taximètre.   Fig. 14. — Balance de torsion.

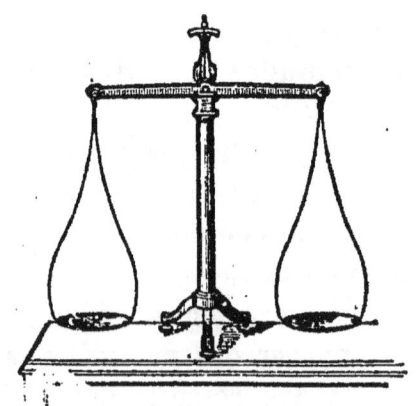

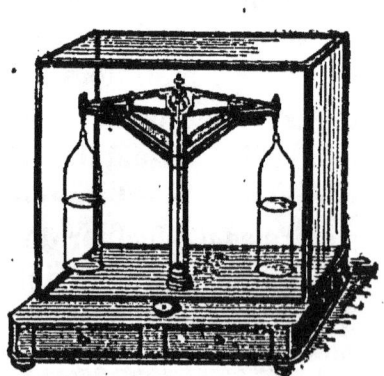

Fig. 15. — Balance ordinaire.   Fig. 16. — Balance de précision.

masse inconnue par des masses graduées pour effectuer une mesure au moyen d'un dynamomètre; on simplifie encore le fonctionnement de ces appareils en les graduant, une fois pour toutes, au moyen de poids marqués; mais cette graduation empirique ne donne aucune précision, car le ressort peut changer d'élasticité au bout de quelque temps.

Au lieu de mesurer un effort produit par l'attraction de la pesanteur, on peut se proposer de mesurer d'autres efforts, et, quoiqu'il ne s'agisse plus ici de masses, les dynamomètres *pesons* conduisent naturellement aux autres dynamomètres. L'un des plus célèbres et des plus utiles aux physiciens est la *balance de torsion* (*fig.* 14) dans laquelle on se propose de faire équilibre par des efforts convenables à la torsion d'un fil métallique formant ressort. La balance de torsion est utilisée pour les mesures électriques.

E. Mesure des pressions.

Les appareils destinés à la mesure des pressions peuvent être simplement basés sur le fait qu'une colonne de mercure fait équilibre à une pression donnée, et croît dans le même sens que la pression. On a vu dans la deuxième partie de cet ouvrage quelle part de convention se dissimule sous l'habitude de définir la pression par la hauteur d'une colonne de mercure évaluée en centimètres, ce qui fait d'une force une grandeur additive.

La pression atmosphérique se mesure au moyen d'un *baromètre à mercure* (*fig.* 20), c'est-à-dire d'un tube de verre fermé à l'extrémité supérieure et reposant sur une cuve à mercure; la colonne de mercure qui est dans le tube est surmontée du vide barométrique et fait ainsi équilibre, à elle seule, à la pression extérieure.

Les pressions des machines à vapeur se mesurent au moyen de manomètres. Le *manomètre à air libre* (*fig.* 24) indique par une hauteur de mercure la pression qu'il faut

LES APPAREILS DE MESURE

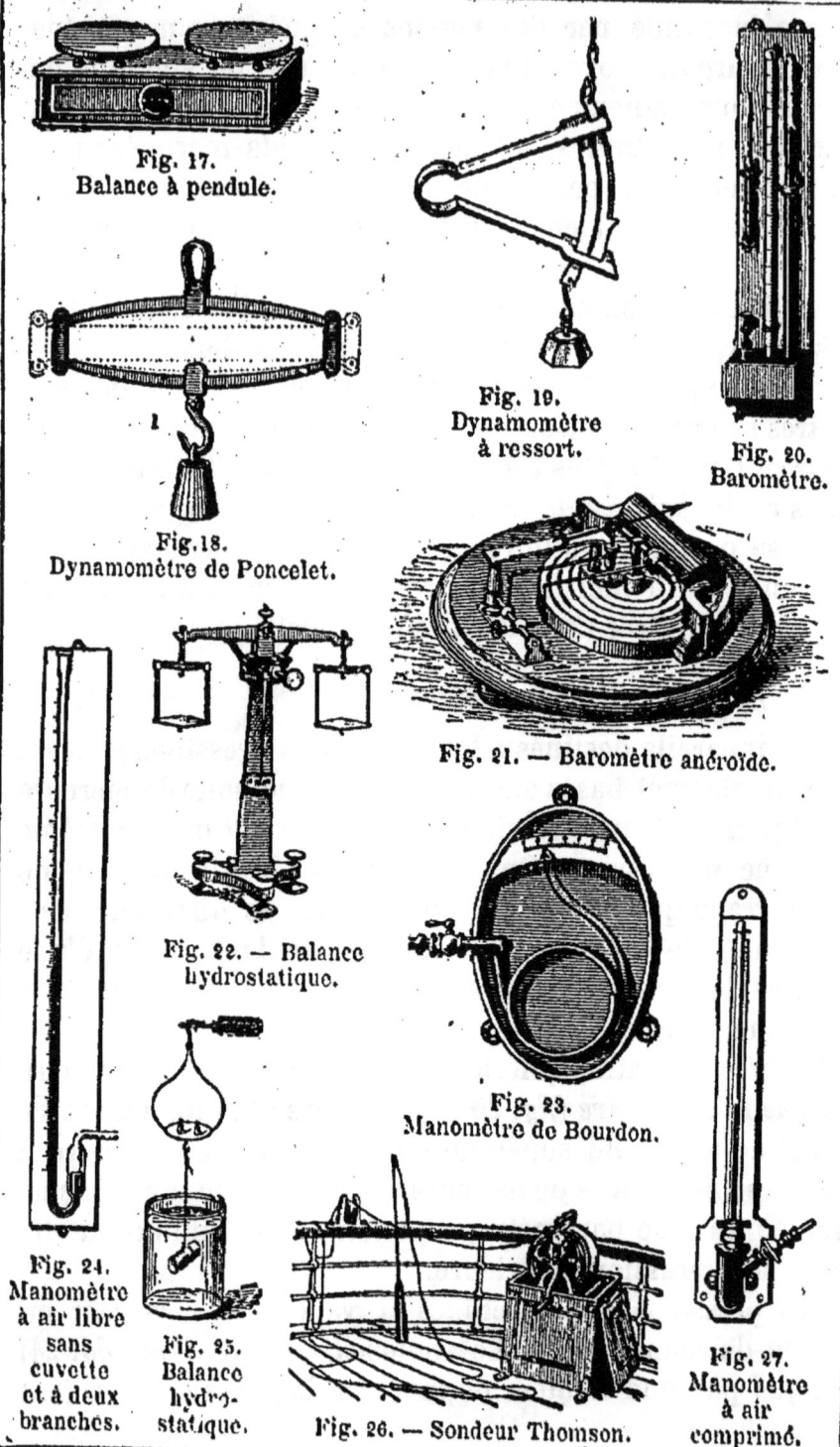

Fig. 17. Balance à pendule.

Fig. 18. Dynamomètre de Poncelet.

Fig. 19. Dynamomètre à ressort.

Fig. 20. Baromètre.

Fig. 21. — Baromètre anéroïde.

Fig. 22. — Balance hydrostatique.

Fig. 23. Manomètre de Bourdon.

Fig. 24. Manomètre à air libre sans cuvette et à deux branches.

Fig. 25. Balance hydrostatique.

Fig. 26. — Sondeur Thomson.

Fig. 27. Manomètre à air comprimé.

ajouter à la pression atmosphérique pour avoir la pression dans l'intérieur de la machine.

D'autres baromètres et manomètres : *baromètre anéroïde* (*fig.* 21), *manomètre de Bourdon* (*fig.* 23), sont basés sur la déformation d'une enveloppe métallique close et gradués empiriquement par comparaison avec des appareils à colonne de mercure.

Le *manomètre à air comprimé* (*fig.* 27) est une application de la loi de Mariotte; on peut d'ailleurs aussi le graduer empiriquement.

Une application curieuse du manomètre à air comprimé est le *sondeur Thomson* (*fig.* 26) qui sert à connaître la profondeur de la mer sans arrêter le navire. C'est une lourde masse métallique qu'on laisse couler jusqu'au fond de la mer en la retenant au moyen d'un fil de sonde; le fil de sonde n'est pas vertical puisque le navire marche, et sa longueur n'indique pas la profondeur du lieu. Mais la masse métallique contient un tube formant manomètre à air comprimé et dans lequel pénètre l'eau de mer. Une substance colorée enduisant l'intérieur du tube et que l'eau de mer détruit indique à quelle hauteur l'eau est montée dans le tube; un calcul fait connaître la pression et par suite la hauteur d'eau correspondante.

L'hypsomètre, qui sert à évaluer les hauteurs des montagnes par la mesure des pressions, est un appareil de mesure indirecte qui sera étudié ultérieurement.

II. — MESURES INDIRECTES

1° *Par application du principe d'Archimède.*

Tout corps plongé dans un fluide perd de son poids le poids du fluide qu'il déplace.

De ce principe on peut déduire des méthodes pour mesurer diverses quantités. D'abord, si l'on connaît le poids de l'unité de volume d'un liquide, et le volume d'un flotteur gradué, on peut mesurer le poids d'un objet quelconque en regardant de combien le flotteur s'immerge quand on le surcharge de l'objet en question.

Au contraire, si l'on ignore le poids de l'unité de volume d'un liquide, on peut le connaître en mesurant la diminution de poids que subit, par immersion dans ce liquide, un corps de volume connu (*balance hydrostatique*) [*fig.* 22 et 23].

Mais pour certains liquides spéciaux, on emploie couramment dans l'industrie et le commerce des appareils empiriques, gradués par comparaison avec un étalon choisi une fois pour toutes, et que l'on appelle des *aréomètres* (*fig.* 29). Ces aréomètres donnent la densité du liquide étudié dans un langage conventionnel qui n'a pas de valeur scientifique mais est très commode pour l'usage courant, parce qu'il indique le degré de concentration du produit industriel obtenu. On dit par exemple que l'on emploie tel acide « à 30° Baumé », ce qui veut dire que le pèse-acide ou *aréomètre de Baumé* (*fig.* 29 B) plonge dans ce liquide jusqu'au numéro 30 de sa graduation.

Pour les alcools, la graduation n'est pas empirique; le numéro de la graduation auquel affleure le flotteur appelé *alcoomètre* (*fig.* 30) indique la proportion d'alcool éthylique contenu dans le mélange aqueux considéré. Le zéro indique l'eau pure; le cent l'alcool éthylique pur.

2° Par application du principe de la dilatation des corps par la chaleur.

On se sert de ce côté mesurable des phénomènes thermiques pour définir empiriquement la température des corps. C'est la science appelée « thermométrie ». On choisit ordinairement comme thermomètre un corps dont les variations de volume ou de longueur soient aussi considérables que possible pour des variations de température relativement faibles; on a alors ce qu'on appelle un *thermomètre sensible* (*fig.* 28). Pour les usages courants, on se sert de récipients de verre de forme étirée et contenant du mercure ou de l'alcool coloré. Plusieurs modèles de graduation empirique ont été proposés; la plus employée en France est actuellement la graduation centigrade. La graduation du thermomètre comprend deux opérations : 1° la recherche de points fixes; 2° la division de l'intervalle compris entre les points fixes adoptés. La découverte des points fixes a été un premier résultat expérimental. On a remarqué que, dans des conditions données, un changement d'état d'un corps donné se produit à une température invariable (1). Les changements d'état choisis pour fournir les points fixes sont les changements d'état de l'eau à la pression atmosphérique de 760 millimètres de mercure. On marque 0° sur le thermomètre plongé dans la glace fondante (changement d'état solide en état liquide); on marque 100° sur le thermomètre plongé dans la vapeur d'eau bouillante (changement d'état liquide en état gazeux, par ébullition). Les points fixes étant ainsi marqués, on convient de diviser l'intervalle compris entre eux en cent parties égales, et l'on appelle *degré centigrade* chacune de ces parties; on prend naturellement toutes les précautions possibles pour que les degrés de la graduation correspondent à des accroissements égaux du volume de l'alcool ou du mercure (vérification de la cylindricité du tube de verre, etc.). Mais, malgré toutes ces précautions qui sont destinées à rendre comparables entre elles les indications des divers thermomètres, il est bien évident que la définition du degré centigrade n'en est pas moins entièrement conventionnelle. On a montré, dans la deuxième partie de cet ouvrage, comment les considérations d'équivalence mécanique de la chaleur ont permis de donner à la thermométrie une valeur dépourvue de toute convention.

Au lieu d'employer les liquides comme corps thermomé-

---

(1) C'est-à-dire à une température telle que n'importe quel thermomètre, gradué n'importe comment, donne toujours la même indication pendant tout le temps que dure le changement d'état.

LES APPAREILS DE MESURE

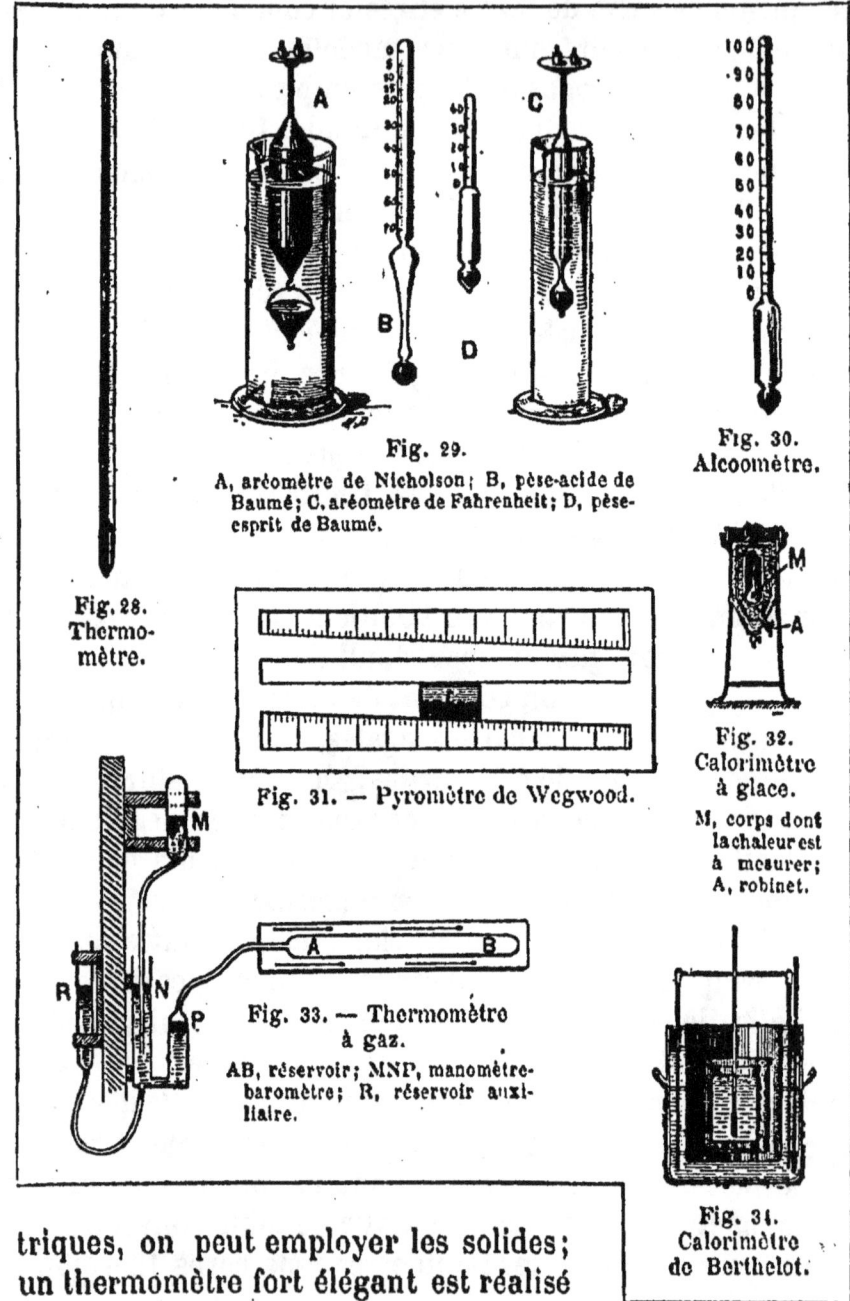

Fig. 29. — A, aréomètre de Nicholson; B, pèse-acide de Baumé; C, aréomètre de Fahrenheit; D, pèse-esprit de Baumé.

Fig. 30. Alcoomètre.

Fig. 28. Thermomètre.

Fig. 31. — Pyromètre de Wegwood.

Fig. 32. Calorimètre à glace. — M, corps dont la chaleur est à mesurer; A, robinet.

Fig. 33. — Thermomètre à gaz. — AB, réservoir; MNP, manomètre-baromètre; R, réservoir auxiliaire.

Fig. 34. Calorimètre de Berthelot.

triques, on peut employer les solides; un thermomètre fort élégant est réalisé par la soudure de deux métaux inégalement dilatables. La variation de courbure du ruban ainsi obtenue permet une graduation empirique par comparaison.

Mais le meilleur thermomètre est le *thermomètre à gaz* (*fig.* 33). C'est lui qui peut donner les indications les plus sûres et les plus comparables à celles de la thermométrie absolue basée sur le principe d'équivalence.

3° *Autres déformations par la chaleur; pyromètre.*

Au lieu de s'en tenir à la dilatation des corps par la chaleur, on a trouvé avantageux, dans certains cas, d'utiliser d'autres déformations; par exemple, pour mesurer la température des fours de potier, on emploie le *pyromètre de Wegwood* (*fig.* 31), basé sur le *retrait* qu'éprouve par la cuisson un petit cylindre d'argile. On constate ensuite jusqu'où ce petit cylindre peut pénétrer dans un intervalle ménagé entre deux règles obliques dont l'une est graduée empiriquement et l'on en déduit la température la plus élevée à laquelle est monté le contenu du four.

4° *Mesures faites au moyen du thermomètre et d'autres appareils précédemment décrits.*

A. Calorimétrie. — On a indiqué, dans la deuxième partie de cet ouvrage, l'intérêt que tire du principe d'équivalence la mesure des quantités de chaleur, et l'on a montré quelles conventions se cachent sous la définition première de ces quantités de chaleur. L'appareil qui sert à les mesurer, ou *calorimètre* (*fig.* 32 et 34), se compose essentiellement d'une série d'enveloppes empêchant la déperdition de la chaleur et réalisant autant que possible ce desideratum que tous les échanges de chaleur qui se produisent dans l'expérience se passent entre les corps sur lesquels on porte son attention.

La méthode des mélanges consiste dans l'introduction, au sein d'une masse donnée d'un corps connu à une température connue, d'un autre corps de masse connue et de température connue, mais de capacité calorifique inconnue. On constate la température finale et l'on en déduit, en appliquant le principe conventionnel de la conservation de la chaleur, la capacité calorifique ou chaleur spécifique du corps étudié. On prend comme étalon l'eau, dont la chaleur spécifique est la plus forte, et l'on appelle calorie la quantité de chaleur nécessaire pour élever de 0° à 1° la température de l'unité du poids d'eau.

On mesure, au moyen du calorimètre, la quantité de chaleur nécessaire pour fondre, sans élever sa température, un poids donné de glace (chaleur latente de fusion), et, ce résultat obtenu, on peut s'en servir pour réaliser un nouveau type de calorimètre, le *calorimètre à glace* (fig. 34). Dans le calorimètre à glace, on mesure le poids de glace que peut fondre un corps de masse et de température connues, mais de chaleur spécifique inconnue. On en déduit la chaleur spécifique du corps.

L'étude des chaleurs spécifiques des gaz sous pression constante et sous volume constant conduit directement à la notion de l'équivalence mécanique de la chaleur. On évalue la calorie en kilogrammètres, et à partir de ce moment toute convention disparaît dans le domaine de la chaleur; la thermométrie elle-même prend un caractère absolu. Ceci a été expliqué dans la deuxième partie de l'ouvrage.

B. **Cryoscopie.** — Cette science, créée par Raoult, consiste dans l'étude des variations introduites dans le point de congélation des liquides par l'introduction dans ces liquides de corps dissous. La cryoscopie a une grande importance en physique moléculaire.

C. **Hygrométrie.** — C'est la mesure de l'humidité atmosphérique. Il a fallu définir cette humidité d'une manière conventionnelle, choisie de manière que les indications de l'hygromètre aient une valeur météorologique.

Pour cela on mesure, non pas la quantité absolue d'eau comprise dans un volume d'air donné, mais le rapport de cette quantité d'eau à la quantité *maxima* d'eau gazeuse qui pourrait exister, à la température donnée, dans le volume d'air considéré; en d'autres termes, l'état hygrométrique de l'air est le rapport de la tension de la vapeur d'eau qu'il contient à la *tension maxima* de la vapeur d'eau à la température considérée. La tension maxima de la vapeur a été mesurée d'avance pour toutes les températures; cette tension maxima a un grand intérêt météorologique, car la vapeur douée de cette tension est *saturante*, c'est-à-dire prête à se condenser partiellement pour le moindre abaissement de température. En outre, les corps humides, plongés dans une atmosphère saturée d'eau, ne sauraient être le siège d'une évaporation; *ils ne sèchent pas*. L'air produit des effets dessiccateurs d'autant plus considérables que la tension de la vapeur d'eau qu'il contient est plus éloignée de la tension maxima à la température considérée. Une masse d'air, contenant une masse donnée d'eau, peut être très humide à $5°$, tandis que, contenant la même quantité absolue d'eau, elle serait extrêmement sèche à $40°$. A $5°$ elle mouillerait des corps qu'elle dessèche rapidement à $40°$. De là l'intérêt de la définition de l'état hygrométrique.

Les premiers hygromètres étaient purement empiriques. L'*hygromètre à cheveu* (*fig.* 35) constatait seulement les modifications apportées dans la longueur d'un cheveu par l'humidité de l'air; de cette mesure empirique ne résultait aucune définition scientifique de l'état hygrométrique. Les *hygromètres* plus récents : de Daniell (*fig.* 36), de Regnault (*fig.* 37), etc., donnent, au contraire, l'état hygrométrique réellement défini par le rapport de la tension actuelle de la vapeur à celle qui serait maxima à la température considérée. On commence par mesurer la température de l'atmosphère; on en conclut, par l'étude des tables de tension maxima, quelle serait la tension de la vapeur saturante à cette température. Puis l'on refroidit artificiellement un thermomètre placé dans l'air à étudier, jusqu'à ce qu'il se dépose sur lui une petite couche de rosée indiquant que la tension actuelle de la vapeur serait saturante à la

LES APPAREILS DE MESURE

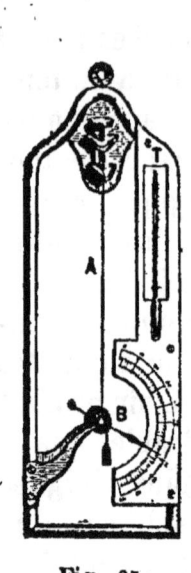

Fig. 35.
Hygromètre à cheveu.

A, cheveu; B, poulie munie d'un contrepoids; T, thermomètre.

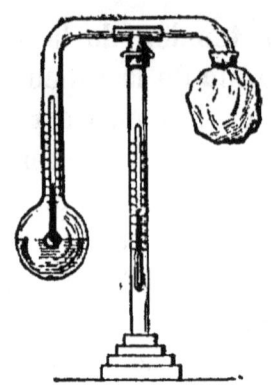

Fig. 36. — Hygromètre de Daniell.

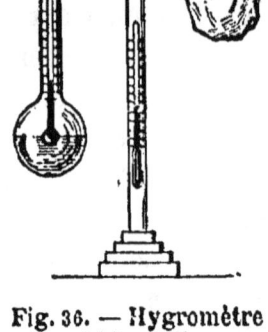

Fig. 37.
Hygromètre de Regnault.
A, aspirateur; vv, tubes en verre; T, arrivée de l'air.

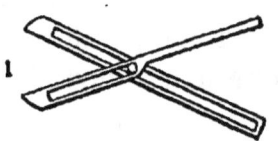

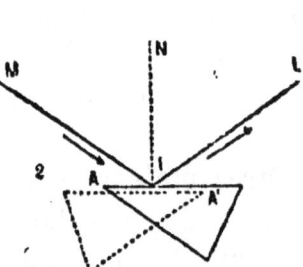

Fig. 38.
1. Goniomètre d'application; 2. A et A', première et deuxième position; MI, rayon incident; IL, rayon réfléchi; IN, normale; 3. Goniomètre de Babinet.

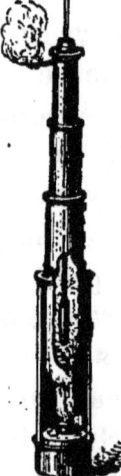

Fig. 39.
Hypsomètre de Regnault.

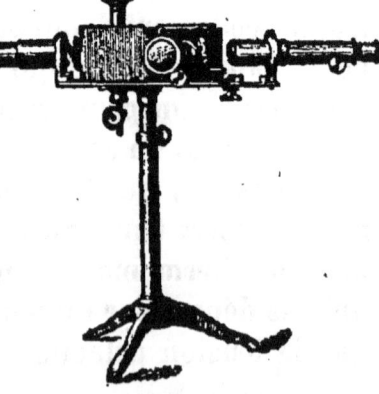

Fig. 40. — Sextant.   Fig. 41. — Réfractomètre.

température artificiellement obtenue. On en conclut, par la lecture des tables, la tension actuelle de la vapeur. Le rapport des deux tensions ainsi mesurées donne l'état hygrométrique cherché.

On comprend l'intérêt de la connaissance de l'état hygrométrique pour la prévision des phénomènes météorologiques qui consistent en une précipitation de vapeur d'eau (pluie, rosée, givre, brouillard, etc.).

D. **Hypsométrie.** — L'*hypsomètre* (*fig.* 39) donne un moyen détourné de connaître la hauteur des montagnes.

Il se compose d'un thermomètre très sensible autour duquel on fait bouillir de l'eau. On sait que l'ébullition du liquide se produit quand la température est telle que la tension maxima de sa vapeur soit égale à la pression atmosphérique. En mesurant la température d'ébullition, on a donc une indication qui, au moyen d'une table des tensions maxima, donne la pression barométrique actuelle; l'hypsomètre remplace un baromètre. Or, sur les montagnes, la pression diminue avec la hauteur; d'où un moyen de connaître la hauteur des montagnes en mesurant la pression au moyen de la température d'ébullition de l'eau.

5° *Mesures faites au moyen de phénomènes lumineux.*

A. **Par application des lois de la réflexion.** — Le *goniomètre* (*fig.* 38) est un appareil destiné à la mesure des angles dièdres formés par les faces des cristaux. Pour les cristaux à faces réfléchissantes, on remplace la mesure de l'angle des deux faces par celle de l'angle des rayons réfléchis par elles. Cela est beaucoup plus exact que l'emploi du goniomètre d'application dans lequel on fait coïncider avec l'angle plan à mesurer un angle dièdre formé par deux règles tournant l'une sur l'autre.

Le *sextant* (*fig.* 40) employé en marine pour la mesure des angles dont l'observateur occupe le sommet est également une application des lois de la réflexion.

B. **Par application des lois de la réfraction.** — Le *réfractomètre* (*fig.* 41) est l'application directe des lois de la réfraction, et son nom le définit suffisamment ; mais il y a un autre appareil bien plus intéressant, et qui donne des mesures d'une nature tellement imprévue que des philosophes comme Auguste Comte en avaient d'avance nié la possibilité ; cet appareil est le *spectroscope* (*fig.* 42), au moyen duquel on peut *mesurer la composition chimique du soleil et des étoiles !*

En observant le spectre donné par un prisme sur lequel tombe la lumière solaire, on constate que ce spectre présente, parmi les bandes colorées, des raies noires qui sont toujours à la même place par rapport aux bandes colorées. Une étude de lumières autres que la lumière solaire montre que chaque lumière chimiquement définie donne un spectre différent. De là l'idée que l'étude de la disposition des raies du spectre peut donner des renseignements de nature chimique. Une étude analytique suivie a montré que les raies noires du spectre sont superposables à des raies lumineuses que l'on obtient en produisant la lumière par l'incandescence de corps chimiquement définis ; et l'on a vite compris que les raies noires sont des raies d'*absorption ;* voici ce que cela veut dire : Si un corps A, porté à l'incandescence, fournit une raie brillante a, une lumière à spectre continu manifeste, après qu'elle a traversé une certaine épaisseur de ce corps A, une raie noire a superposable à la raie lumineuse a de tout à l'heure ; c'est donc que le corps A, traversé par une lumière blanche complète, absorbe précisément la radiation qu'il eût pu fournir si on l'avait porté lui-même à l'incandescence. On a pu ainsi caractériser chaque corps par ses raies brillantes ou ses raies noires et cela a permis de découvrir l'existence de ces corps dans les diverses parties du soleil. On a même trouvé un corps, l'hélium, dans le soleil, avant de le trouver à la surface de la terre. L'analyse spectrale est devenue le mode le plus précis d'analyse chimique. Cette année encore (1908), M. Urbain a découvert, par son application, un nouveau corps simple.

C. **Par application de la loi sur l'intensité de la lumière.** — L'intensité de la lumière décroît avec la distance et d'une manière inversement proportionnelle au carré de cette distance. Le *photomètre*, qui est destiné à mesurer l'intensité des sources lumineuses, est basé sur ce principe. Il est, en effet, difficile et même impossible à l'homme de déclarer avec précision qu'une lumière donnée est n fois plus intense qu'une autre, et même, si l'on se reporte à la dernière partie de cet ouvrage, on verra qu'une convention tacite est à la base des mesures photométriques comme à la base des mesures dynamométriques. Une fois admis le principe de la diminution de l'intensité suivant le carré de la distance, il suffit de comparer les ombres portées par deux sources lumineuses sur un même écran (photomètre de Rumford) [*fig.* 43] et d'éloigner l'une des sources jusqu'à ce que l'intensité de son ombre soit *égale* à celle qui est portée par une source choisie pour unité et placée à l'unité de distance. Si nous ne savons pas déclarer qu'une intensité est double d'une autre, nous savons du moins déclarer que deux intensités sont égales (1); un simple calcul donne alors la mesure de l'intensité cherchée. Au lieu d'utiliser les ombres, on peut comparer les images des lumières dans un miroir sphérique formé par une petite sphère de métal poli. Dans le photomètre de Wheastone (*fig.* 44), on donne à une bille métallique un mouvement rapide et, au lieu de comparer les images des deux sources lumineuses, on compare les courbes tracées par ces deux images; on éloigne l'une des sources jusqu'à ce que les deux images soient également intenses.

D. **Par la rotation du plan de polarisation.** — Une lumière est dite polarisée quand elle est formée de vibrations se produisant toutes dans un même plan que l'on appelle

---

(1) Quand les lumières sont de même couleur.

LES APPAREILS DE MESURE

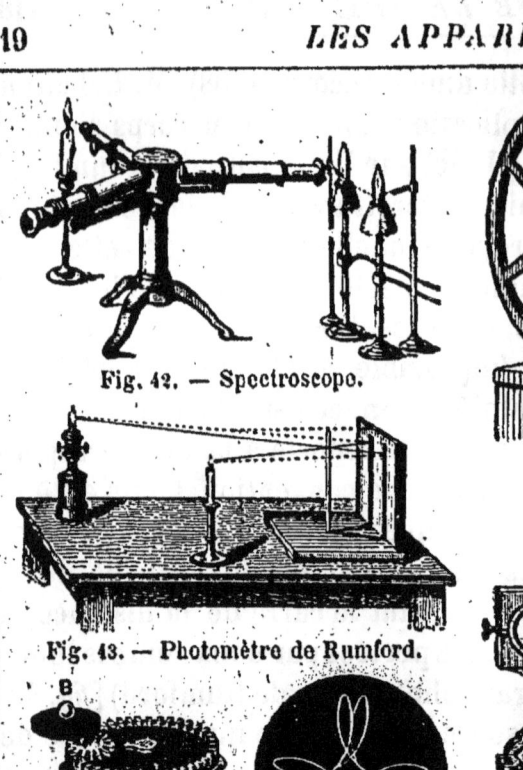

Fig. 42. — Spectroscope.

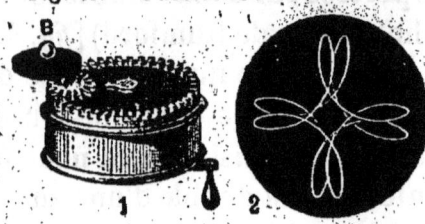

Fig. 43. — Photomètre de Rumford.

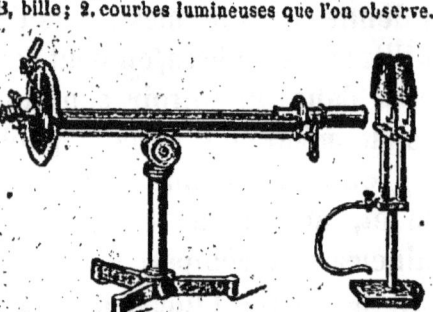

Fig. 44. — 1. Photomètre de Wheatstone.
B, bille ; 2. courbes lumineuses que l'on observe.

Fig. 45. — Saccharimètre de Laurent.

Fig. 46. — Sonomètre.

Fig. 47. — Roue dentée de Savart.

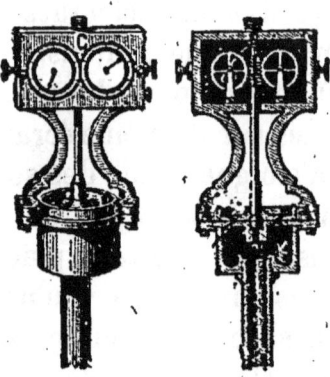

Fig. 48. — Sirène de Cagniard-Latour.

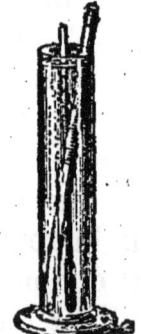

Fig. 49. Lactobutyromètre.

plan de polarisation. Les méthodes de l'optique physique permettent de découvrir le plan de polarisation d'une lumière donnée. Or, certaines substances ont la propriété de faire tourner le plan de polarisation d'un rayon lumineux qui les traverse, et la rotation de ce plan est proportionnelle à l'épaisseur de la substance considérée, et à sa concentration s'il s'agit d'une solution. Biot a basé sur cette méthode un procédé de dosage des sucres (*saccharimètre*) [*fig.* 45]. Il ne faut pas confondre la polarisation rotatoire avec la polarisation chromatique qui permet aussi la réalisation de mesures chimiques quantitatives.

E. **Par la transparence.** — En océanographie, par exemple, on apprécie la teneur de l'eau de mer en substances suspendues, en étudiant, aux divers points de l'océan, la transparence de cette eau. Pour que les mesures soient comparables, on a adopté un procédé de mesure conventionnel. Une plaque blanche de la largeur d'une assiette est suspendue à un fil par un procédé qui assure son horizontalité. Penché sur le bordage d'un vaisseau, l'observateur laisse couler lentement ce disque blanc en le suivant des yeux jusqu'à ce qu'il cesse de le voir. Après quelques tâtonnements, il arrive à fixer à peu près la position ultime où il l'aperçoit. Il mesure alors la longueur du fil suspenseur, et le nombre qui donne cette longueur fournit une évaluation conventionnelle de la transparence de l'océan à l'endroit considéré. Cette méthode donne des résultats peu précis, mais la précision de ces résultats suffit à l'objet que se proposent les océanographes et qui est surtout la connaissance des courants marins.

6° *Mesures faites au moyen de phénomènes sonores.*

Ces mesures sont principalement utilisées en acoustique, mais elles peuvent aussi être adaptées indirectement à des mesures qui sortent de ce cadre très restreint.

Pour la mesure des hauteurs des sons, c'est-à-dire pour

LES APPAREILS DE MESURE

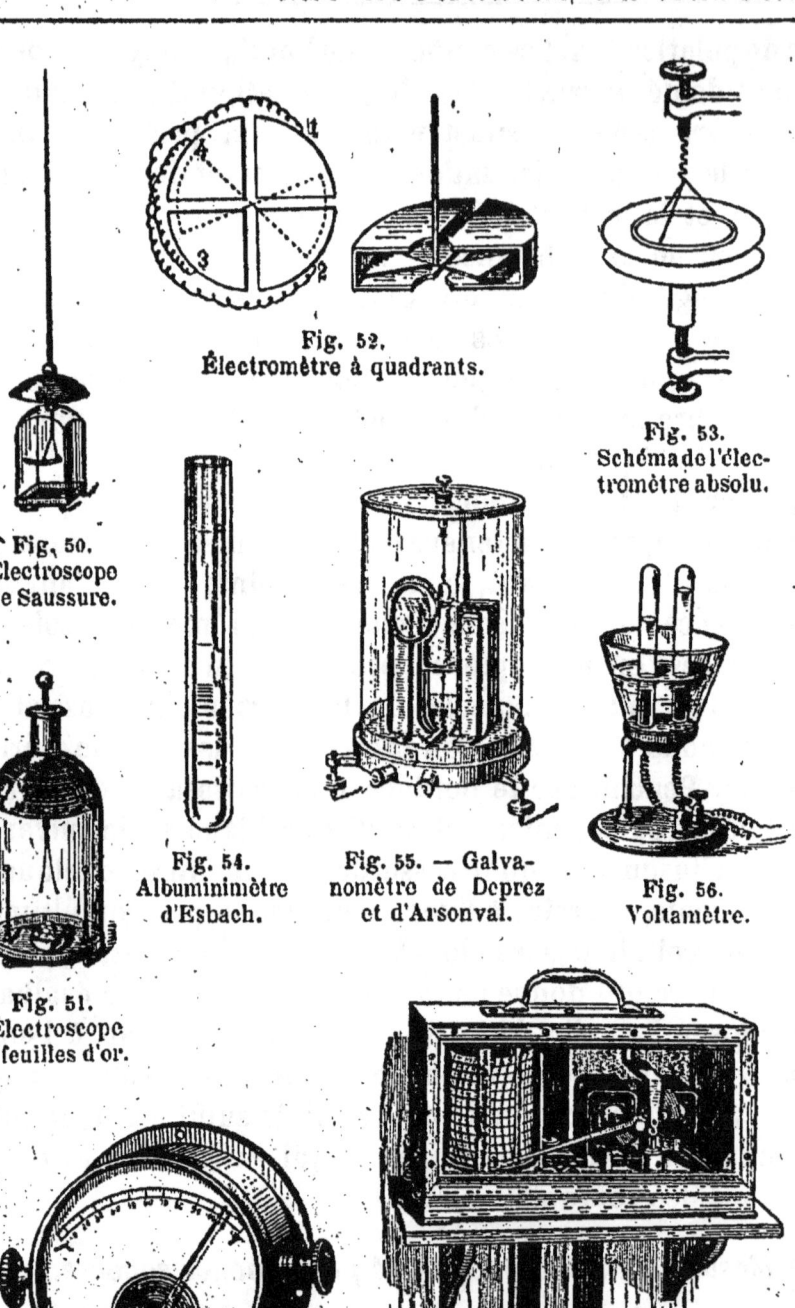

Fig. 52. Électromètre à quadrants.

Fig. 53. Schéma de l'électromètre absolu.

Fig. 50. Électroscope de Saussure.

Fig. 54. Albuminimètre d'Esbach.

Fig. 55. — Galvanomètre de Deprez et d'Arsonval.

Fig. 56. Voltamètre.

Fig. 51. Électroscope à feuilles d'or.

Fig. 57. — Voltmètre.

Fig. 58. Ampèremètre enregistreur.

l'évaluation du nombre de vibrations à la seconde qui caractérise un son donné, on s'arrange de manière à faire rendre un son identique au son considéré, au moyen d'un appareil qui permette de connaître le nombre correspondant de vibrations. Le *sonomètre* (*fig.* 46) est le plus anciennement utilisé. Le *roue dentée de Savart* (*fig.* 47) et la *sirène* (*fig.* 48) donnent des résultats plus immédiats.

Depuis l'invention du téléphone, on comprend aisément que des variations dans la résistance d'un circuit électrique se traduisent, pour l'oreille accolée au récepteur, par des variations d'intensité acoustique. On a basé sur ce principe un très curieux appareil permettant de connaître à l'oreille, avec la plus grande facilité, le mouillage des vins !

7° *Mesures faites au moyen d'actions chimiques.*

Toute la science de la chimie est basée sur des mesures de masses et sur des mesures calorimétriques. Mais il y a un certain nombre de mesures industrielles ou médicales que l'on effectue dans des appareils spéciaux, où l'on dose d'une manière conventionnelle l'importance d'un précipité, par la hauteur qu'occupe ce précipité fait dans certaines conditions, dans un vase gradué de forme donnée (*butyromètre* [*fig.* 49], *albuminimètre* [*fig.* 54], etc.).

8° *Mesures faites par des actions électriques.*

L'électricité joue depuis quelques années un rôle si important dans l'industrie qu'un volume suffirait à peine à l'étude des procédés de mesure basés sur les phénomènes électriques. On se contentera de signaler ici les plus fondamentales des méthodes de mesure basées sur les phénomènes électriques.

A. *Mesures par des attractions électrostatiques.* — Les *électroscopes* (*fig.* 50 et 51) sont des appareils destinés à constater qu'un corps est électrisé plutôt qu'à mesurer la quantité d'électricité dont il est porteur. On peut cependant utiliser les électroscopes pour des mesures. Les électro-

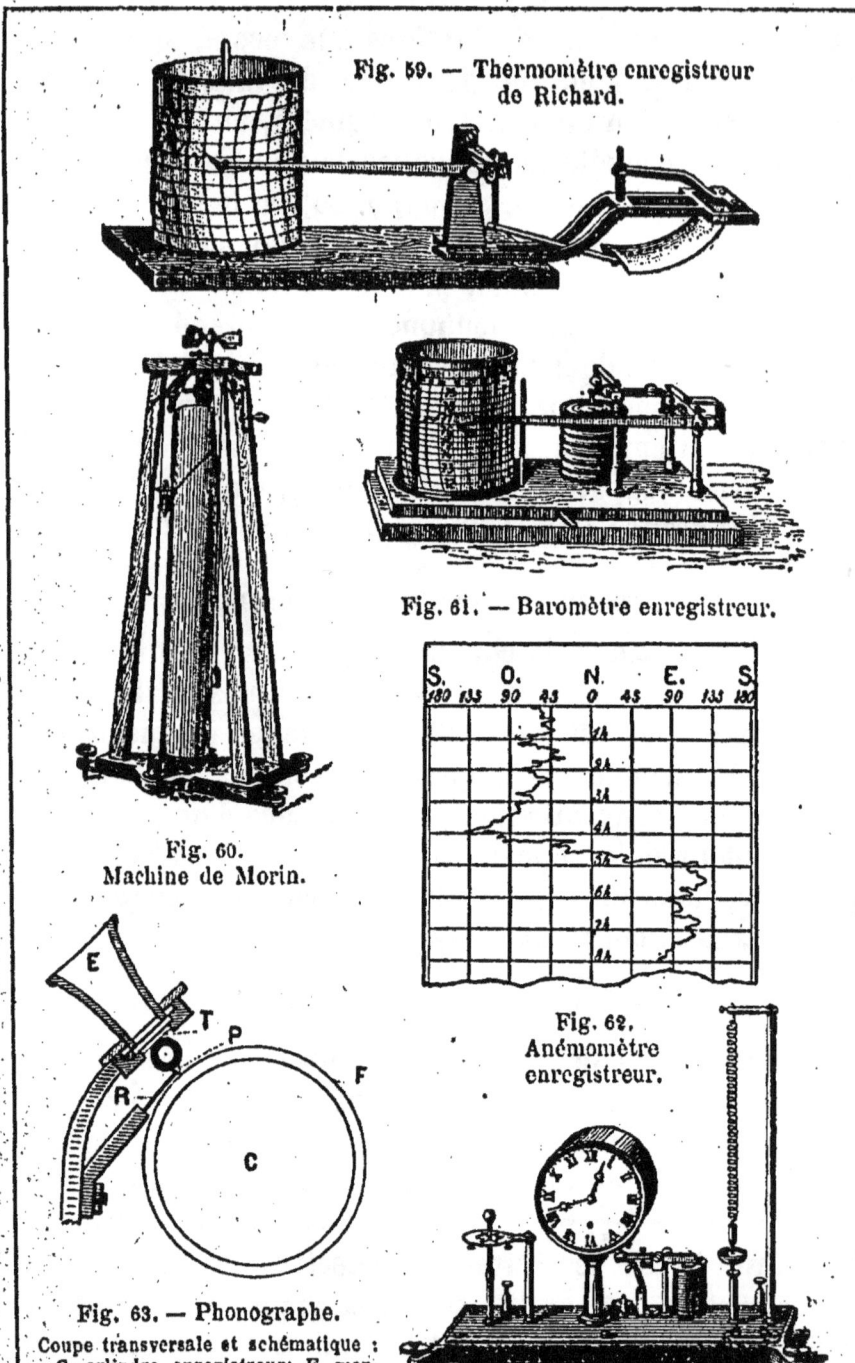

Fig. 59. — Thermomètre enregistreur de Richard.

Fig. 60. Machine de Morin.

Fig. 61. — Baromètre enregistreur.

Fig. 62. Anémomètre enregistreur.

Fig. 63. — Phonographe.
Coupe transversale et schématique : C, cylindre enregistreur; F, manchon de cire; E, embouchure; T, membrane vibrante; R. ressort maintenant l'aiguille P.

Fig. 64. — Sismographe.

mètres : électromètre à quadrants (*fig.* 52), électromètre absolu (*fig.* 53) sont plus spécialement destinés à la mesure.

B. **Mesures par des actions électrochimiques.** — Les lois de Faraday donnent une méthode de mesure très rationnelle et très exacte pour les intensités électriques. Le *voltamètre* (*fig.* 56), dans lequel on décompose de l'eau par un courant, est le type des appareils à mesurer l'intensité par des actions électrolytiques. Mais, grâce aux lois de Faraday, on peut retourner la méthode et, au lieu d'employer les actions électrochimiques à la mesure des intensités des courants, se servir de ces actions pour étudier le poids atomique des corps. Il suffit de signaler ici ces procédés de mesure qui découlent immédiatement de la connaissance des lois de Faraday.

C. **Par des actions électromagnétiques.** — C'est dans ce paragraphe que se rencontrent les plus nombreux des instruments de mesure utilisés par l'industrie moderne. Ces appareils sont basés sur l'action des courants sur les aimants. Les lois d'Ampère font connaître ces actions.

Le *galvanomètre* (*fig.* 55) le plus anciennement utilisé dans les laboratoires mesurait simplement la déviation produite par un courant dans la direction d'une aiguille aimantée soumise d'autre part à l'influence du magnétisme terrestre. L'introduction d'aiguilles *astatiques* a permis d'augmenter la sensibilité de cet appareil.

Enfin, l'industrie moderne, ayant besoin de connaître tantôt l'intensité des courants, tantôt leur force électromotrice, tantôt telle ou telle autre qualité des courants, a basé sur les actions électromagnétiques un nombre considérable d'appareils de mesure qui se perfectionnent tous les jours : *voltmètres* (*fig.* 57), *ampèremètres* (*fig.* 58), etc.

III. — MÉTHODE GRAPHIQUE

La méthode graphique a pour principe l'inscription des mouvements à étudier sur une feuille de papier animée d'un mouvement uniforme. Le mouvement uniforme de la feuille de papier peut être facilement obtenu si l'on enroule cette feuille sur un cylindre doué lui-même d'un mouvement uniforme de rotation.

Le type de la méthode graphique est réalisé avec le maximum de simplicité dans la *machine de Morin* (*fig.* 60) qui sert à étudier les lois de la chute des corps. Un corps muni d'un pinceau enregistreur tombe en chute libre le long d'un cylindre vertical animé d'un mouvement de rotation uniforme. Quand l'opération est terminée, on déroule la feuille qui revêt le cylindre et l'on constate que le pinceau a tracé sur cette feuille une parabole. Cela démontre toutes les lois de la chute des corps. On a appliqué la méthode graphique à tous les ordres de phénomènes.

En acoustique, la méthode graphique, enregistrant les mouvements vibratoires, a donné naissance à cet appareil merveilleux qui est le *phonographe* (*fig.* 63).

En météorologie, on emploie des thermomètres enregistreurs (*fig.* 59), des *baromètres enregistreurs* (*fig.* 61), des *anémomètres enregistreurs* (*fig.* 62), etc.; ils inscrivent sur un cylindre qui, mû par un mouvement d'horlogerie, exécute un tour complet en une semaine. Le *sismographe* (*fig.* 64) enregistre les tremblements de terre.

Fig. 65. — Sphygmographe.

En médecine, on emploie les appareils enregistreurs à un

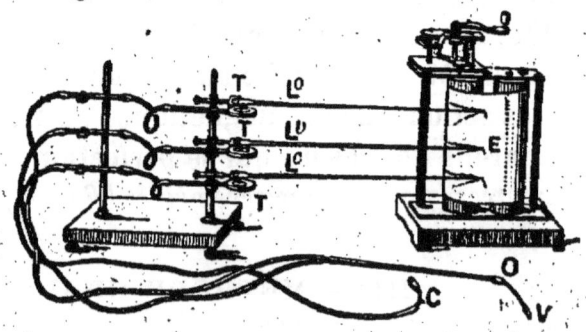

Fig. 66. — Cardiographe.

C, ampoule qui reçoit le choc précordial; V, ampoule ventriculaire; O, ampoule de l'oreillette; T, ampoule indicatrice; E, enregistreur. — L°, Lv, Lc, grands bras de leviers mis en mouvement par les ampoules O, V, C.

très grand nombre d'usages; on étudie le pouls au moyen du *sphygmographe* (*fig.* 65), le cœur au moyen du *cardiographe* (*fig.* 66), etc.

Les appareils enregistreurs ne donnent pas à proprement parler des mesures, mais ils enregistrent très complètement les éléments mesurables des phénomènes et autorisent ainsi, après coup, des mesures très complètes et très faciles.

TABLE DES MATIÈRES

	Pages
Introduction	5
Première partie	9
Deuxième partie	61
Troisième partie. — Méthodes et procédés de mesure	99

   I. — Mesures directes :

      A. Mesures directes des longueurs et des angles 99
      B. Mesure du temps 103
      C. Mesure des vitesses 103
      D. Mesure des masses 104
      E. Mesure des pressions 106

   II. — Mesures indirectes :

      1º Par application du principe d'Archimède 108
      2º Par application du principe de la dilatation des corps par la chaleur 109
      3º Autres déformations par la chaleur ; pyromètre 112
      4º Mesures faites au moyen du thermomètre et d'autres appareils 112
      5º Mesures faites au moyen de phénomènes lumineux 116
      6º Mesures faites au moyen de phénomènes sonores 120
      7º Mesures faites au moyen d'actions chimiques 122
      8º Mesures faites au moyen d'actions électriques 122

   III. — Méthode graphique 124

Paris. — Imp. Larousse, 17, rue Montparnasse.

LIBRAIRIE LAROUSSE, 17, RUE MONTPARNASSE, PARIS

Bibliothèque LAROUSSE

encyclopédique et illustrée

Publiée sous la direction de Georges MOREAU

La *Bibliothèque Larousse*, qui est une nouveauté en France, embrassera, dans une collection véritablement *encyclopédique*, à la fois tout ce qui intéresse la vie pratique (hygiène, économie domestique, connaissances techniques, etc.) et tout ce qui peut contribuer à la culture générale de l'esprit (lettres, arts, sciences, etc.). Elle formera plusieurs séries de jolis volumes signés de spécialistes compétents, illustrés toutes les fois qu'il y aura lieu et d'une forme soignée et élégante malgré leur extrême bon marché, qui répondront à tous les besoins moraux et matériels de l'existence et permettront à tout le monde de se constituer à peu de frais une bibliothèque d'un intérêt durable et d'une valeur réelle (format 13,5 × 20).

LITTÉRATURE ET BEAUX-ARTS

Balzac : Le Père Goriot. Broché, 1 fr.; relié toile . . . . 1 fr. 30

Balzac : Eugénie Grandet. Broché, 1 fr.; relié toile. . . . . 1 fr. 30

Balzac : La Cousine Bette. *Deux volumes.* Chaque volume, broché, 1 fr.; relié toile. . . . . 1 fr. 30

Alfred de Musset : Premières poésies. Broché, 1 fr.; relié toile. 1 fr. 30

Alfred de Musset : Poésies nouvelles. Broché, 1 fr.; relié toile. . 1 fr. 30

Alfred de Musset : Comédies et Proverbes. *Trois volumes.* Chaque volume, broché, 1 fr.; relié toile. . . . . 1 fr. 30

Les œuvres ci-dessus sont données *in extenso*, sans aucune coupure. On pourra ainsi se procurer désormais à peu de frais ces chefs-d'œuvre de notre littérature dans des éditions vraiment soignées et dignes de figurer dans une bibliothèque.

Musset, par GAUTHIER-FERRIÈRES, lauréat de l'Académie française. Vie de Musset, avec extraits de son œuvre. 4 grav. Broché, 0 fr. 75; relié toile. 1 fr. 05

Montaigne, par Louis COQUELIN. Vie de Montaigne et étude de son œuvre (nombreux extraits). 6 gravures. Broché, 0 fr. 75; relié toile. . . . . . 1 fr. 05

(Voir la suite page suivante.)

Envoi franco au reçu d'un mandat-poste.

LIBRAIRIE LAROUSSE, 17, rue Montparnasse, PARIS
ET CHEZ TOUS LES LIBRAIRES

Bibliothèque Larousse

LITTÉRATURE ET BEAUX-ARTS (Suite).

Schiller, par Charles SIMOND, lauréat de l'Académie française. Vie de Schiller et étude de son œuvre (nombreux extraits). 4 grav. Br., 0 fr. 75; rel. t.   1 fr. 05

Gœthe, par Charles SIMOND. Vie de Gœthe et étude de son œuvre (nombreux extraits). 4 gravures. Broché, 0 fr. 75; relié toile. . . . .   1 fr. 05

Tolstoï, par OSSIP-LOURIÉ, lauréat de l'Institut. Vie de Tolstoï et étude de son œuvre (nombreux extraits). 4 grav. Broché, 0 fr. 75; relié toile.   1 fr. 05

Ibsen, par OSSIP-LOURIÉ, lauréat de l'Institut. Vie d'Ibsen; son œuvre (nombreux extraits); l'*ibsénisme*. 4 gravures. Broché, 0 fr. 75; relié toile.   1 fr. 05

Conçus sur un plan uniforme, les volumes ci-dessus comportent, avec la vie des écrivains, l'étude de leur œuvre accompagnée d'extraits caractéristiques. Ils permettent ainsi de se faire une idée précise et complète de chacun d'eux.

Rembrandt, par Auguste BRÉAL. Vie de Rembrandt et étude de son œuvre. 24 gravures. Broché, 1 fr. 20; relié toile . . . .   1 fr. 50

Histoire de la Littérature russe, par Louis LEGER, membre de l'Institut. Précis documenté de l'histoire littéraire de la Russie depuis les origines jusqu'aux écrivains contemporains. Nombreuses grav. Broché, 0 fr. 75; rel. toile.   1 fr. 05

HISTOIRE

Histoire de Russie, par Louis LEGER, membre de l'Institut. Exposé clair et substantiel de la formation de l'Empire russe et de son évolution jusqu'aux tout derniers événements. 12 grav., 2 cartes. Broché, 0 fr. 75; relié toile.   1 fr. 05

SCIENCES APPLIQUÉES

La Photographie des couleurs, par COUSTET. Exposé des recherches les plus récentes et indications pratiques pour faire de la photographie en couleurs. 22 gravures. Broché, 0 fr. 75; relié toile . . . .   1 fr. 05

L'Œil : hygiène, maladies, traitement, par le Dr VALUDE, médecin de la clinique nationale des Quinze-Vingts. Ouvrage écrit par un spécialiste à l'usage du grand public et exposant sous une forme claire et accessible ce que chacun a intérêt à savoir sur le fonctionnement de l'œil, son hygiène aux différents âges de la vie, ses maladies et leur traitement. 54 grav. Br. 1 franc; rel. t.   1 fr. 30

CONNAISSANCES PRATIQUES

Le Dessin de l'artisan et de l'ouvrier, par CHEVRIER. Manuel pratique à l'usage des ouvriers, contremaîtres, etc., pour exécuter correctement les dessins nécessaires dans l'industrie et les divers corps d'état. Nombreuses gravures. Broché, 0 fr. 75; relié toile . . . .   1 fr. 05

Envoi franco au reçu d'un mandat-poste.

LIBRAIRIE LAROUSSE, 17, RUE MONTPARNASSE, PARIS
ET CHEZ TOUS LES LIBRAIRES

Bibliothèque Larousse

CONNAISSANCES PRATIQUES (Suite).

Le Jardin de l'instituteur, de l'ouvrier et de l'amateur, par P. BERTRAND. Excellent manuel de jardinage. 60 grav. et 9 pl. Br., 1 fr. 20; rel. t. **1 fr. 50**

Le Verger de l'instituteur, de l'ouvrier et de l'amateur, par P. BERTRAND. Conseils pratiques pour l'établissement d'un verger et la culture des arbres fruitiers. 193 gravures. Broché, 1 fr. 20; relié toile.............. **1 fr. 50**

Améliorations du sol (*I. Drainage et irrigations*), par M. ABADIE, professeur à l'École nationale d'agriculture de Rennes. Indications pratiques sur les irrigations et l'aménagement des eaux, à l'usage des cultivateurs, propriétaires, etc. 95 gravures. Broché, 0 fr. 90; relié toile .... **1 fr. 20**

Le Bétail, par Marcel VACHER, membre du Conseil supérieur de l'Agriculture. Amélioration et reproduction. 10 grav. Broché, 75 cent.; relié toile .. **1 fr. 15**

Le Porc, par Marcel VACHER. Élevage, hygiène et engraissement. 10 grav. Broché, 0 fr. 75; relié toile .... **1 fr. 15**

Routine et progrès en agriculture, par Ch. DUMONT. Excellent ouvrage à répandre parmi les petits et moyens cultivateurs; recommandé aux instituteurs, conférenciers, etc. 92 gravures. Broché, 1 fr. 80; relié toile ...... **2 fr. 25**

La Cuisine à bon marché, par Mme J. SÉVRETTE. 300 recettes vraiment pratiques pour faire une cuisine de famille variée, saine et peu coûteuse. Broché, 0 fr. 90; relié toile .... **1 fr. 20**

Le Passe-temps des mois, par V. DELOSIÈRE. Mémento des diverses occupations à toutes les époques de l'année (jeux, sports, jardinage, etc.). 111 gravures. Broché, 0 fr. 75; relié toile .... **1 fr. 05**

La Maison fleurie, par F. FAIDEAU. Guide pratique de décoration florale. 61 gravures. Broché, 0 fr. 90; relié toile .... **1 fr. 20**

Entre locataires et propriétaires, par D. MASSÉ. Guide pratique de droit usuel en matière de location. Broché, 1 fr. 20; relié toile ...... **1 fr. 50**

Les Accidents du travail, par Louis-ANDRÉ. Exposé pratique de la législation actuelle et de ses conséquences. Broché, 0 fr. 90; relié toile.. **1 fr. 20**

Assistance aux vieillards, aux infirmes, aux incurables. Guide pratique à l'usage des fonctionnaires départementaux, conseillers municipaux, conseillers généraux, etc. Broché, 1 fr. 20; relié toile .... **1 fr. 50**

Code municipal, par Max LEGRAND. Manuel clair et commode à l'usage des maires, adjoints, secrétaires de mairie, etc. Br., 1 fr. 20; relié toile **1 fr. 50**

Pour former un tireur, par VIOLET et VOULQUIN. Ouvrage publié sous le patronage de l'*Union des Sociétés de tir de France*, et donnant tous les conseils et indications utiles pour arriver rapidement à bien tirer à la carabine, au fusil, au revolver, au pistolet. 38 gravures. Broché, 0 fr. 75; relié toile... **1 fr. 05**

Pour élever les nourrissons, par le Dr GALTIER-BOISSIÈRE. Conseils pratiques à l'usage des jeunes mères. 62 grav. Broché, 0 fr. 90; relié toile **1 fr. 20**

Pour préserver des maladies vénériennes, par le Dr GALTIER-BOISSIÈRE. Ouvrage présenté sous une forme qui ne peut choquer personne, à l'usage des jeunes gens, pères de famille, etc. 34 gr. Broché, 0 fr. 75; relié toile. **1 fr. 05**

D'autres ouvrages paraîtront prochainement.

Envoi franco au reçu d'un mandat-poste.

LIBRAIRIE LAROUSSE, 17, RUE MONTPARNASSE, PARIS
ET CHEZ TOUS LES LIBRAIRES

Tous ceux qui lisent, tous ceux qui étudient ont besoin d'un

Petit Larousse illustré

Magnifique volume de 1664 pages (format 13,5 × 20), 5800 gravures, 680 portraits, 130 tableaux encyclopédiques dont 4 en couleurs, 120 cartes dont 7 en couleurs. — Relié toile, fers spéciaux de E. GRASSET, en trois tons. **5 francs.**
En reliure peau, très élégante . . . . **7 fr. 50**

(*1 franc en sus pour frais d'envoi dans les localités non desservies par le chemin de fer, et à l'étranger.*)

Réduction
du *Petit Larousse illustré* (13,5 × 20).

Le *Petit Larousse illustré* est unanimement reconnu comme le meilleur, le plus complet et le plus pratique de tous les dictionnaires manuels. Il contient plus de matières, des informations plus nombreuses, des développements encyclopédiques plus abondants, une illustration plus riche et plus strictement documentaire qu'aucun des ouvrages similaires, même d'un prix plus élevé. Divisé en trois parties (LANGUE FRANÇAISE, — LOCUTIONS LATINES ET ÉTRANGÈRES, — HISTOIRE ET GÉOGRAPHIE), il renferme : le *vocabulaire complet* de la langue, avec de nombreux exemples à l'appui des définitions, les sens divers de tous les mots, la *prononciation figurée* de tous ceux qui offrent quelque difficulté ; la *grammaire* ; les *étymologies* ; les *synonymes* et *antonymes* ; les *proverbes, locutions proverbiales* et *expressions diverses* ; de nombreux *développements encyclopédiques* (droit, médecine usuelle, beaux-arts, sciences, etc.) ; des *résumés historiques, géographiques, biographiques, mythologiques* ; des *notices bibliographiques* sur les principaux ouvrages de toutes les littératures ; la *monographie des œuvres d'art célèbres* ; les *types et personnages littéraires et sociaux*, etc. C'est un ouvrage indispensable dans la famille et on le consultera toujours avec profit pour les mille renseignements dont on a journellement besoin ; il sera tout particulièrement précieux aux jeunes gens pour leurs études par la richesse de sa documentation et le caractère instructif de son illustration. (*Plus de 800 000 exemplaires vendus en deux ans.*)

Envoi franco au reçu d'un mandat-poste.

LIBRAIRIE LAROUSSE, 17, RUE MONTPARNASSE, PARIS
ET CHEZ TOUS LES LIBRAIRES

Toutes les connaissances utiles en un volume.

Mémento Larousse

Nouvelle édition agrandie. Beau volume de 730 pages (format 13.5 × 20), 900 gravures, 82 cartes dont 50 en couleurs. — Cartonné . . . . . . **5 francs**.
Relié toile, fers spéciaux de GIRALDON, titre or . . . . **6 francs**.

Vingt ouvrages en un seul

Un traité de grammaire, de style et de littérature.

Un abrégé d'histoire.

Une géographie avec un atlas de 50 cartes en couleurs.

Une cosmographie.

Un manuel d'arithmétique et de géométrie pratique.

Des éléments d'arpentage et de topographie.

Un traité de dessin.

Un manuel de sciences physiques et naturelles.

Des notions d'agriculture et de jardinage.

Le droit usuel.

Règles de grammaire, principes d'arithmétique, notions de sciences, d'histoire, etc., il ne se passe pour ainsi dire pas de jour que nous n'ayons besoin de retrouver quelque connaissance oubliée, quelque renseignement qui nous échappe. Tout le monde a remarqué la rapidité avec laquelle s'effacent les leçons apprises au temps de notre enfance, et qui ne s'est vu maintes fois embarrassé devant des questions auxquelles répondrait le premier écolier venu? On saisit donc quels services continuels rendra à tous un livre comme le *Mémento Larousse* : un livre qui résume, en un volume maniable et facile à consulter, tous les livres de classe qu'on ne possède plus et auxquels il serait du reste incommode d'avoir recours. Le *Mémento Larousse* est plus encore. Englobant sous une forme méthodique et substantielle tous les matériaux d'une solide instruction, il ne s'en tient pas aux programmes scolaires. Il a cette originalité de faire place, à côté de la partie purement intellectuelle, à une foule de notions de la vie usuelle qu'on aurait peine à trouver réunies ailleurs. Il forme ainsi un tout d'une exceptionnelle valeur pratique, un véritable vade-mecum. C'est le complément naturel du *Petit Larousse,* et on peut dire que ces deux ouvrages, l'un dans l'ordre alphabétique, l'autre dans l'ordre méthodique, condensent l'essence même des connaissances utiles.

La couture.

Le savoir-vivre.

Des modèles de lettres.

Près de 300 proverbes expliqués.

Les emblèmes et symboles et le langage des fleurs.

L'hygiène pratique et les conseils du médecin.

Des indications sur la pharmacie de voyage, sur les stations thermales et balnéaires.

Des recettes et procédés.

Les éléments de la musique.

Des renseignements sur les monnaies étrangères, la poste, le télégraphe, etc.

Envoi franco au reçu d'un mandat-poste.

LIBRAIRIE LAROUSSE, 17, RUE MONTPARNASSE, PARIS
ET CHEZ TOUS LES LIBRAIRES

Dictionnaires divers

Dictionnaire usuel de Droit, par Max LEGRAND, avocat. Un volume in-8°
de 840 pages, illustré de 15 gravures et 3 cartes. 6ᵉ mille. Broché, **7 fr. 50**
Relié toile . . . . **9 francs.**
Supplément. 60 pages. Broché . . . . **1 franc.**

Rédigé dans un esprit essentiellement pratique, ce dictionnaire met à la portée de
tous ce qu'il peut être utile de savoir en matière juridique, sous une forme aussi claire et
accessible que possible, et l'ordre alphabétique en rend en outre la consultation infiniment plus commode que celle d'un code. Il est superflu d'insister sur les services qu'un
ouvrage ainsi conçu peut rendre à chacun dans la conduite de ses affaires : ce sera en
particulier un guide des plus précieux toutes les fois qu'on aura un contrat à passer,
un procès à intenter ou à soutenir, ou simplement quelque formalité administrative ou
judiciaire à remplir. Un appendice placé à la fin du volume donne la formule d'un certain nombre d'actes d'une application courante : reconnaissance, procuration, baux, etc.

Dictionnaire illustré de Médecine usuelle, par le Dʳ GALTIER-BOISSIÈRE
(Ouvrage honoré de souscriptions des ministères de l'Instruction publique et de
la Guerre). Un volume in-8° de 576 pages, 849 gravures, photographies, radiographies, 4 cartes, 4 pl. en couleurs. 24ᵉ mille. Broché, **6 fr.**; relié toile. **7 fr. 50**

Voici un ouvrage qui sera précieux dans la famille. Médications et traitements divers,
description des organes, hygiène préventive et curative, pharmacie de ménage, soins
spéciaux aux mères et aux enfants, accidents, empoisonnements, falsifications, etc., tout
y est exposé avec une clarté remarquable et un sens pratique sur lequel on ne saurait
trop insister dans un livre de ce genre. Un développement étendu a été donné en particulier à la médication par l'eau chaude ou froide, par la gymnastique française ou suédoise, par le massage, par l'électricité, par les petits moyens de la médecine d'urgence
sans drogue proprement dite; à l'hygiène des exercices, comme le cyclisme, l'équitation,
la chasse; à l'hygiène professionnelle, etc.

Dictionnaire synoptique d'étymologie française, par H. STAPPERS, donnant
la dérivation des mots usuels, classés sous leur racine commune et en divers
groupes : latin, grec, langues germaniques, etc. Un volume in-12 de 960 pages.
5ᵉ édition. Relié toile . . . . **6 francs.**

Dans ce livre on trouvera, groupés d'une façon méthodique, tous les mots de la langue
française de même provenance, qui, dans les autres dictionnaires, se trouvent forcément
éparpillés d'après l'ordre alphabétique. On comprend quel intérêt présente cet ouvrage,
tant au point de vue des recherches étymologiques qu'au point de vue de l'étude des mots.

Dictionnaire méthodique et pratique des rimes françaises, précédé d'un
traité de versification, par Ph. MARTINON. Un volume petit in-12 de 300 pages.
2ᵉ édition. Relié toile. . . . . **2 fr. 50**

Ce dictionnaire offre des avantages considérables sur tous les ouvrages similaires.
Outre que sa nouveauté le met au courant des derniers enrichissements de la langue, il se
recommande par l'originalité de son plan, grâce auquel les rimes sont présentées d'une
façon particulièrement pratique.

Envoi franco au reçu d'un mandat-poste.

LIBRAIRIE LAROUSSE, 17, RUE MONTPARNASSE, PARIS
ET CHEZ TOUS LES LIBRAIRES

Livres d'intérêt pratique

Pour choisir une carrière, par Daniel MASSÉ, juge de paix de Nogent-sur-Marne. Un volume in-8° de plus de 500 pages. Broché, 4 fr. 50; rel. t. 5 fr. 50

Cet ouvrage se distingue de tous ceux qui ont déjà paru dans ce genre par la largeur de son plan et par une précision de renseignements à laquelle on n'avait pas encore atteint en pareille matière. On y trouvera non seulement sur les professions administratives, libérales, commerciales et industrielles, mais même sur les métiers manuels, des indications aussi pratiques que détaillées.

Manuel du Commerçant, par E. SEGAUD, ancien président du Tribunal de commerce d'Arras. Un vol. in-8° de 320 pages. Broché, 3 fr. 50; rel. t. 4 fr. 50

Ce volume présente, sous une forme simple et commode à consulter, les diverses notions juridiques et pratiques d'un intérêt courant dans la vie commerciale. Dû à la plume d'un homme du métier, il rendra les plus grands services aux commerçants, qui auront avec lui sous la main la solution des mille cas qui peuvent journellement les embarrasser.

La Comptabilité commerciale, industrielle et domestique, avec notions sur le commerce, le crédit, les sociétés et la législation commerciale, par M. Gustave SORBEIL. Un vol. in-8° de 270 pages. 2e édit. Br., 3 francs; rel. t. 4 francs.

Pour gérer sa fortune, par Pierre DES ESSARS. Conseils pratiques sur les placements de capitaux et les assurances. 3e édit. In-8°. Br., 2 fr. 50; rel. 3 fr. 50

Les Impôts, *guide pratique du contribuable*, par un PERCEPTEUR. In-8°, 160 pages. Broché . . . . 2 francs.

La Cuisine et la Table modernes. Ouvrage écrit spécialement pour la maîtresse de maison. In-8°, 500 pages, 600 gravures, dont 135 reproductions photographiques d'après nature. 11e mille. Broché, 5 francs; relié toile . . 6 fr. 50

Cet ouvrage n'est pas un banal livre de cuisine; c'est un guide pratique dû à la collaboration d'hommes du métier et dans lequel on trouvera non seulement les recettes culinaires proprement dites, mais encore tout ce qu'une femme doit savoir sur l'hygiène de l'alimentation, le pain, les condiments, la viande, la volaille, le poisson, les légumes, les conserves, le matériel de cuisine, le service de table, etc. L'illustration, comme le texte, vise toujours le côté utilitaire, l'initiation pratique, et toute une série de photographies instantanées constituent entre autres un véritable enseignement par les yeux.

La Chasse moderne, *encyclopédie du chasseur*, due à la collaboration des personnalités les plus autorisées du monde cynégétique. In-8°, 700 pages, 438 gravures (dessins d'après nature et photographies instantanées), 24 tableaux synthétiques, 85 airs de chasse. 13e mille. Br., 7 fr. 50; relié toile . . 10 francs.

La Pêche moderne, *encyclopédie du pêcheur*, due à la collaboration de spécialistes compétents. In-8°, 600 pages, 680 gravures, 32 tableaux synthétiques, 6e mille. Broché, 6 fr. 75; relié toile . . . . 9 francs.

Herbier classique, par F. FAIDEAU. 50 plantes caractéristiques des principales familles analysées et décrites. Un volume in-8° de 140 pages, 162 gravures (dessins d'après nature et reproduct. photogr.). Br., 2 fr. 25; relié . . 3 francs.

Envoi franco au reçu d'un mandat-poste.

LIBRAIRIE LAROUSSE, 17, RUE MONTPARNASSE, PARIS
ET CHEZ TOUS LES LIBRAIRES

Bibliothèque rurale

HONORÉE DE NOMBREUSES SOUSCRIPTIONS DES MINISTÈRES DE L'INSTRUCTION PUBLIQUE ET DE L'AGRICULTURE (FORMAT IN-8°, 15 × 21)

L'Agriculture moderne, encyclopédie de l'agriculteur, par V. Sébastian. 560 pages, 700 gravures. Broché, 5 fr.; relié toile . . . . 6 fr. 50
La Ferme moderne, par Abadie. 390 grav. Br., 3 fr.; relié toile. 4 francs.
Prairies et Pâturages, par Compain. 181 grav. Br., 3 fr.; relié. . 4 francs.
L'Arboriculture fruitière en images, par Vercier. 101 pl. Br. 3 francs.
Relié toile . . . . 4 francs.
Les Industries de la ferme, par Larbalétrier. 160 gravures. Br. 2 francs.
Relié toile . . . . 3 francs.
Les Engrais au village, par H. Fayet. Broché, 2 fr.; relié toile. 3 francs.
La Basse-Cour, par Troncet et Tainturier. 80 grav. Broché. 2 francs.
Relié toile . . . . 3 francs.
L'Outillage agricole, par de Graffigny. 240 gravures. Broché. . 2 francs.
Relié toile . . . . 3 francs.
Le Bétail, par Troncet et Tainturier. 100 grav. Br., 2 fr.; relié. 3 francs.
L'Arboriculture pratique, par Troncet et Deliège. 190 gr. Br. 2 francs.
Relié toile . . . . 3 francs.
La Viticulture moderne, par G. de Dubor. 100 gr. Br., 2 fr.; rel. t. 3 francs.
L'Apiculture moderne, par Clément. 153 grav. Br., 2 fr.; relié. 3 francs.
Le Jardin potager, par Troncet. 190 grav. Br., 2 fr.; relié . . 3 francs.
Le Jardin d'agrément, par Troncet. 150 grav. Br., 2 fr.; relié. 3 francs.
Comptabilité agricole, par Barillot. Broché, 2 fr.; relié . . . . . 3 francs.
Élevage en grand de la volaille, par M. W. Palmer. 14 gr. Br. 1 fr. 50
Relié toile . . . . 2 fr. 25
Les Animaux de France, par Clément et Troncet. 160 grav. Br. 2 francs.
Relié toile . . . . 3 francs.
Écoles et cours d'Agriculture, par Duguay. 39 gravures. Br. . 1 franc.

Un périodique unique en France et à l'étranger.

Larousse mensuel illustré

Publié sous la direction de Claude Augé et paraissant le premier samedi de chaque mois par numéros de 16 pages gr. in-4° (32 × 26) à 60 centimes, imprimés sur trois colonnes (48 colonnes) et illustrés de nombreuses gravures.

Abonnement d'un an : France, **6** francs; Étranger, **7** francs.

Le *Larousse mensuel* enregistre mois par mois, dans l'ordre alphabétique, sous une forme documentaire et d'une façon absolument complète, toutes les manifestations de la vie contemporaine. Politique, commerce, industrie, lois nouvelles, pièces et livres nouveaux, œuvres d'art marquantes, découvertes scientifiques, etc., il embrasse intégralement le mouvement si complexe des faits et des idées à notre époque, et comme il condense en très peu d'espace une quantité de matières considérable, il permet de se tenir au courant de tout sans perte de temps et pour une dépense insignifiante.

Demander le prospectus spécimen.

www.ingramcontent.com/pod-product-compliance
Lightning Source LLC
Chambersburg PA
CBHW060142100426
42744CB00007B/860